智慧家长与积极养育

HANDBOOK FOR POSITIVE PARENTING

亲职教育服务手册

中国儿童中心　编

中国妇女出版社

图书在版编目（CIP）数据
智慧家长与积极养育 ：亲职教育服务手册 / 中国儿童中心编. -- 北京 ：中国妇女出版社，2025. 5.
ISBN 978-7-5127-2485-3
Ⅰ. G78
中国国家版本馆CIP数据核字第2025WC7003号

项目统筹：廖晶晶
责任编辑：陈　元
封面设计：李　甦
责任印制：李志国

出版发行：中国妇女出版社
地　　址：北京市东城区史家胡同甲24号　　邮政编码：100010
电　　话：（010）65133160（发行部）　　65133161（邮购）
网　　址：www.womenbooks.cn
邮　　箱：zgfncbs@womenbooks.cn
法律顾问：北京市道可特律师事务所
经　　销：各地新华书店
印　　刷：北京中科印刷有限公司

开　　本：170mm×240mm　1/16
印　　张：11.25
字　　数：154千字
版　　次：2025年5月第1版　　2025年5月第1次印刷
定　　价：68.00元

如有印装错误，请与发行部联系

本书的编写出版得到了联合国儿童基金会驻华办事处的大力支持和资助，

首次印刷的图书以赠阅的形式送给相关读者和机构。

编委会

主　编：杨彩霞

副主编：朱晓宇　王润洁　王海燕

编写组成员（按姓名拼音排序）：

蔡　粤　焦　健　李艳艳　龙　迪

齐亚静　邱天敏　武承睿　张欣蕾

序一

党和政府始终高度重视儿童关爱保护工作。习近平总书记指出，各级党委和政府、全社会都要关心关爱少年儿童，为少年儿童茁壮成长创造有利条件。家庭是孩子的第一个课堂，父母是孩子的第一个老师。家长要时时处处给孩子做榜样，用正确行动、正确思想、正确方法教育引导孩子。

2021 年，《中华人民共和国家庭教育促进法》正式颁布，家庭教育的重要性被正式提升至国家层面，家庭教育从“家事”上升到“国事”。这不仅提高了家庭教育的社会地位，而且通过制度设计明确了父母和监护人的家庭教育责任，细化了国家支持和社会协同措施。

家庭教育是孩子成长和发展的基石。家庭教育贯穿于孩子的整个成长过程，从幼儿期到青少年时期，家庭始终是孩子学习和模仿的第一课堂。父母的言行举止、教育方式和家庭氛围，都会对孩子产生深远的影响。它为孩子的学业成就和心理健康打下坚实基础，同时也是孩子学会适应社会、面对挑战和终身学习的关键起点。

亲职教育是与家庭教育密切相关的一个概念。亲职教育是教人“怎样为人父母”的教育，让为人父母者学会如何尽父母职责的教育。亲职教育是家庭教育的基础和先导，它通过提升家长的教育素质和能力，直接影响家庭教育的质量和效果。它与家庭教育相辅相成，共同促进孩子的健康成长和家庭的和谐发展。

中国儿童中心作为国家级校外教育和儿童发展研究机构、全国妇联的技术臂膀，持续开展系列儿童保护及家庭教育相关的研究与实践，取得了丰硕的成果。近年来，中心与联合国儿童基金会合作开展了亲职教育项目，经过五年的探索实践，形成了一套完善的“积极养育”主题的家长服务模式。服务以工作坊的形式展开，该模式是家庭教育指导服务模式的创新。本书是基于此模式总结提炼而成，同时也是开展相关服务的指导书。

本书的编写最初基于国际前沿研究的成果，又通过多轮项目实践进行反复修改与完善而成。本书是家庭教育指导服务的实操指导，不仅包含了丰富的活动案例与指导策略，也包括活动设计依据相关理念的阐释，让使用者在“知其然”的同时也能“知其所以然”。广大家庭教育指导者以及儿童工作者可以利用本书学习如何通过工作坊的形式支持服务家庭，传递积极养育理念，帮助家长为孩子营造一个温馨、和谐、友好的成长环境，更好地守护儿童成长。

作为家庭教育指导服务工作的实用工具书，我们期望它能够团结更多的有识之士，惠及更多的儿童和家庭，帮助家长更好地理解儿童保护的理念，以积极养育的方式支持儿童的成长，促进家庭和社会的和谐发展。

中国儿童中心主任

2025 年 3 月

序二

每个儿童都有权受到保护，在充满关爱且安全的环境中成长，“不致受到任何形式的身心摧残、伤害或凌辱，忽视或照料不周，虐待或剥削，包括性侵犯”（《儿童权利公约》第 19 条）。同时，联合国于 2015 年提出的可持续发展目标 16.2 也确立了全球共同行动，消除一切针对儿童的暴力行为。

然而，全球仍有众多儿童面临遭受暴力侵害的危险。据 2014 年《儿童过去一年遭受暴力的全球流行情况》估算，全球每年至少有 10 亿儿童（占世界儿童总数近半）遭受了某种形式的暴力侵害。2024 年联合国儿童基金会《全球数据库报告》也显示，在大多数国家，1~14 岁儿童中有超过 2/3 会遭受照料人的暴力管教。暴力会对儿童造成深远且持久的影响，并可能在代际间传递。

尽管干预性的专业支持能缓解暴力造成的不良影响，但最有效的策略仍然是预防。联合国儿童基金会在其《全球儿童保护战略（2021—2030）》中强调了预防性措施的重要性，并指出以理解、沟通和情感联结为核心的积极养育方法对于防止暴力至关重要。根据 2014 年联合国儿童基金会《低收入和中等收入国家幼儿养育项目的系统性回顾》，来自 32 个中低收入国家的研究证据表明，高质量的积极养育项目可以减少儿童虐待，缓解照料人的压力，并改善儿童的行为表现。

为此，联合国儿童基金会一直与中国政府合作，探索提供综合性儿童保护服务模式，以此来支持可能面临暴力侵害危险或已遭受暴力、虐待或忽视的儿童。该模式其中一个核心内容就是积极养育，即帮助父母和照料人更好地理解儿童，并赋予他们必要的育儿知识、技能和信心，为儿童提供一个充满关爱与支持的家庭环境，促进儿童的健康成长。

本书是联合国儿童基金会与全国妇联—中国儿童中心密切合作的成果。作为一本面向照料人、教育工作者和实践者的综合指南，本书强调儿童因其发展阶段的特殊性而享有特定的权利，因此，积极养育的核心是基于尊重、理解、沟通、信任和表率的亲子关系。然而，积极养育并非是一套固有的模式，父母需要调整思维方式，通过提升或改变自己的知识、态度、行为和技能来践行积极养育。要做到这一点，父母需要反思自己作为家长的角色，完成积极养育的学习活动，并将所学的知识运用到日常的亲子互动中。

目前，积极养育已在联合国儿童基金会与中国政府合作开展的儿童保护项目中实施。令人欣慰的是，政府相关部门已将该项目整合到现有的家庭教育体系中，从而覆盖更多的照料人，也更可持续。通过对项目成效的评估，我们已经看到：照料人在养育态度和行为上发生了积极变化，减少了粗暴的管教方式，并改善了亲子关系。儿童自身也报告了家长积极的变化，突显了该项目对家庭关系和谐和儿童整体福祉的深远影响。

为此，我鼓励家庭教育工作者、儿童工作者和其他相关从业者积极推广并践行积极养育的理念，尽最大可能扩大在社区中的覆盖范围和影响力。让我们携手努力，确保每个儿童都能在远离暴力、安全且充满爱和支持的环境中成长，让他们的潜能得到充分发展。

联合国儿童基金会驻华办事处儿童保护处处长

Dora Giusti

2025 年 3 月

前言

2023年10月30日，习近平总书记在同全国妇联新一届领导班子成员集体谈话时强调，家庭和睦、家教良好、家风端正，子女才能健康成长，社会才能健康发展。良好的家庭教育对儿童社会技能、心理健康，以及家庭和谐建设等方面均产生深远影响。《中华人民共和国家庭教育促进法》中明确规定，未成年人的父母或者其他监护人负责实施家庭教育。因此，如何帮助父母及其他监护人学会正确履职，为儿童健康成长营造温暖的发展环境，成为全社会高度关注的问题。亲职教育是指对父母实施的教育，其目的是改变或加强父母的教育观念，使父母获得抚养、教育子女的知识和技能。实施亲职教育可以帮助父母及监护人获得科学的教育理念与方法，更是有效助力《中华人民共和国家庭教育促进法》落地生效的有力保障。

中国儿童中心在联合国儿童基金会驻华办事处的支持下，采用儿童保护因素作为理论框架，基于多年的项目实践经验，开发了《智慧家长与积极养育——亲职教育服务手册》（以下简称《手册》），用于支持家庭教育指导服务人员、儿童工作者及相关从业人员以家长工作坊的形式开展亲职教育。本《手册》中的家长，指的是广义上在家庭环境中为孩子提供日常养育的照顾者，不仅包括亲生父母，也包括（外）祖父母、其他亲属或法定监护人。美国社会政策研究中心（Center for the Study of Social Policy）相关研究表明：当家长自身的韧性、对儿童发展知识和科学育儿方法的了解、对儿童社会情感发展的重视、社交关系与获得帮助和支持的能力这五个保护性因素获得提高时，家长使用暴力管教的方式或忽视孩子的现象就会逐渐减少。本书以五个保护性因素作为基本框架，分为八个单元展开。

本书的使用者为各类开展家庭教育指导服务的工作人员，包括但不限于家庭教育讲师、社区工作者、中小学幼儿园教师、妇联干部、社工、儿童主任等，同时也适用于有志传递积极养育理念的人们。理念和方法的培训是采用工作坊的形式来完成的，这就意味着活动的带领者不是“教育专家”的身份，而是“协助者”和“支持者”的角色，通过参与式的活动来协助和支持家长理解积极养育的理念并掌握相关技能。

越来越多的人关注家庭教育，目前家庭教育指导的书籍众多，编写组希望通过参与式工作坊这样的学习方式，为家庭教育促进法的落地尽一份力，能够支持家长用更加积极的、非暴力的方式对待孩子，和孩子一同享受成长的快乐！

本书编写组

2025 年 3 月

使用指引

本书一共分为八个单元，建议开展八次家长工作坊，可每周 1 ～ 2 次；也可根据当地家长需求，选择家长更需要或感兴趣的主题自由组合开展。每个单元包含引入活动和主体活动，每个活动步骤描述详细，以帮助使用者在接受基础培训后可以按步骤开展活动，引导家长理解和掌握积极养育的基本理念和方法。工作坊以参与式培训的方式开展（参与式培训方法介绍见附录 2），如果使用者有丰富的参与式培训经验，在实践中可以结合实际情况进行适当调整。

本书中带领活动的人称为“协助者”，意指通过工作坊的系列体验活动，引导家长去体验，协助家长在活动中反思，推动家长在活动中引发情感共鸣，推动意识提升，达成家长在生活中采取积极的行动与孩子共同成长的目标。下表为每个单元活动的结构与说明。

结构	内容	使用指引
本单元内容简介	1. 本单元的核心要点及相关理论知识介绍 2. 活动介绍，包括活动设计思路、活动时间、活动目标、活动参与人数及活动方式、材料准备等	★“知识要点”总结了本单元的核心知识点与相关理论知识，帮助协助者更好地理解本节活动内容及背后的知识 ★ 活动设计思路：帮助协助者准确理解本单元活动的思路，明确活动目标，并在活动过程中引导家长通过讨论和体验等方式实现这些目标

续表

结构	内容	使用指引
欢迎活动	小组成员相互认识、热身活动	★ 第一单元活动需简单介绍本单元的目标及主要活动，并通过热身游戏活跃小组气氛，引导家长互相认识 ★ 第二至八单元的热身活动建议与该单元的主题相关
引入活动	引入本单元讨论的主题	★ 通过分享的方式和大家一起回顾上节讨论的内容，并引入本单元要讨论的内容
主体活动环节	主体活动包括每个活动需要讨论的问题、目标、讨论方式、活动步骤、准备材料、总结提示、过渡等	★ 协助者需要按照活动步骤准备和带领活动 ★ 活动以参与式的形式进行，在活动中协助者应有意识去引导家长体验并分享感受，并在此基础上根据“总结提示”去梳理及强化家长的感受，为下一个活动的开展奠定基础 ★ “活动步骤”中详细列出了活动开展的详细步骤，“活动提示”为活动开展中需要的活动提示事项 ★ “总结提示”和“过渡”中的内容，协助者可以作为参考，以便在活动过程中回应和总结家长的讨论
本单元小结与课后作业	1. 引导家长分享本单元的学习收获，并对本单元系列活动进行简单小结 2. 为家长留课后练习作业，督促反思	★ 协助者可以通过循环征答等方式，引导家长分享自己的收获或感受，同时，也是了解本单元活动效果的一种有效方式 ★ 简单回顾刚刚讨论过的主要内容 ★ 课后练习可以帮助家长把所学的内容运用到生活实践当中，并在下次活动中与其他家长一起分享实践效果
附件	本节活动使用的相关材料	协助者可以根据实际需要，打印相关材料

本书附录共包括 5 项内容。附录 1 是儿童保护因素的介绍。附录 2 是参与式培训方法介绍，涵盖参与式培训的基本理念、方法技巧等内容，帮助协

助者对参与式培训形成整体性认知。附录3是亲职教育活动评估表，应由协助者完成每次单元活动后填写，用于评估反思每次活动开展情况，为提升后续活动质量提供参考。附录4是亲职教育工作坊的招募，介绍亲职教育工作坊在家长招募环节的相关策略。附录5是为家长提供支持，这部分内容主要针对外出务工父母的亲职教育、父亲参与、祖辈参与等话题与情况进行分析指导，以期为协助者更好地针对不同情况家庭开展亲职教育提供支持。

如果采用家访的方式为家庭提供服务，本书使用者可以适当调整顺序，根据家长的实际需求来递送《手册》的内容。《手册》第一节是帮助家长应对压力的内容，对使用者来说，这是能够及时准确把握家庭所处的状况、需要的帮助和建立信任关系的有效途径。比如，第一次家访时，发现家长处于经济压力非常大的状况下，在第二次家访时，就可以结合第七单元“人际网络可识别”和第八单元“需要支持要求助”的内容，帮助家庭发现并链接有效资源。

目录

第一单元

应对压力有技巧

▸▸▸ 本单元内容介绍 ◂◂◂

知识要点

每个人都会在不同的时间或场合感受到某些压力。除了日常生活和工作带来的压力外，家长也会面临育儿的压力。适当的压力可以转化为成长的有效助推力，但是过大过多的压力会给人的身体、情绪以及分析判断能力等带来负面影响，进而影响到人的健康、育儿质量、工作表现以及人际关系。因此，学会正确地理解和应对压力，可以帮助家长更好地生活与工作，提高自我效能感，同时对积极养育能力、正向的亲子关系以及培养孩子抗逆力都有积极的作用。

通常情况下，压力是对我们所处情况的一种提醒。当我们接受了这种提醒，并作出相应的改变或调整时，压力就会逐渐消失。每个人都时不时会感受到一些压力，而压力的来源也是多元的，它可能是来自家庭的、经济上的、身体上的或意外事件等。识别到自己的压力状态，是科学应对压力的第一步。

如果压力过度且没有及时得到缓解，我们的身体就会发出很多信号，比如头痛、胃痛、身体紧张等。压力也会影响人的情绪和行为，比如焦虑不安、打不起精神、难过、容易发脾气和做事冲动或逃避等。练习如何觉察自己的压力信号，是科学应对压力的第二步。

减少或消除压力需要先找到压力源，然后分析原因，通过提升能力、合理规划目标、改善人际关系、寻求更广泛的支持和帮助等方式找到解决问题的办法。很多研究表明，乐观而积极的处事态度可以有效减少压力，从而将压力转化为动力。因此，科学应对压力的第三步是学会一些有效缓解压力的方法，比如，适当的放松活动能有效调节低落情绪，放松身心。培养广泛的兴趣爱好、坚持运动、好好休息等都对舒缓紧张的状态有帮助。

活动时长	60 ～ 90 分钟
场地安排	建议选择一个大的宽敞空间，方便参加的人活动 桌椅需要方便移动，可以将 4 ～ 5 把椅子围成一组摆放
目标	1. 关注自己的压力状态 2. 觉察压力对自己的影响 3. 学习正确应对压力的方法
参与人数	15 ～ 20 人
活动方式	大组分享、小组讨论、画一画

活动步骤

环节	建议用时	活动用具
欢迎活动	10 分钟	玩偶、音乐播放设备
引入活动	15 分钟	大白纸、白板笔
主体活动一	20 分钟	大白纸、白板笔、水彩笔
主体活动二	20 分钟	大白纸、白板笔
总结	5 分钟	
分享收获与布置作业	10 分钟	

欢迎

目标：相互熟悉，了解参与活动的总体目标

活动步骤：

1. 协助者开场白：欢迎大家来参加亲职教育小组活动！在这里，我们会一起学习和讨论如何用积极的方式养育孩子。接下来，我们会一起通过系列活动分享感受和经验，互相支持，共同成长。

2. 协助者组织一个热身游戏，帮助参加活动的家长相互认识：

（1）准备一个玩偶和一段音乐；

（2）将小组成员邻座两两配对，相互了解并记住对方的名字和一个爱好；

（3）协助者播放音乐，组员开始传递玩偶，音乐停止，玩偶落在谁的手中，这对小组成员就相互介绍对方的名字和爱好；

（4）游戏可以多重复几次，尽量让更多成员有机会介绍同伴（也可以用当地的方言和更适合家长的游戏来做热身）。

3. 共同制定规则：协助者可以引导家长，为了更好地参与讨论，大家觉得我们需要有哪些小组规则来保证讨论顺利开展呢？

（1）用循环征答的方式征求家长建议，并记录在大白纸上。

（2）通过投票等方式选出大家共同认可的规则，并提醒大家在活动中遵守。通常规则可以包括但不限于以下要点：

◇ 遵守时间，不迟到；

◇ 尊重别人的想法和感受；

◇ 积极参与讨论；

◇ 认真倾听；

◇ 手机静音；

◇ 保密原则；

◇ ……

活动提示

1. 热身不仅仅是玩游戏，要能活跃气氛、帮助大家相互认识，或者与活动主题相关。
2. 考虑参与者的年龄和性格等特点来选择合适的游戏。

引入本单元内容

协助者：每个人在生活中都会或多或少遇到压力。适当的压力可以带来动力，促使我们把事情做得更好，但过多的压力也会影响我们的身心健康和生活的各个方面，长时间的压力状态甚至会让我们情绪崩溃，影响正常生活。对于家长来说，除了日常生活和工作带来的压力外，往往还要应对育儿的压力。如果我们能学会正确地应对压力，不仅能改善自己的身心健康和情绪状态，也能减少压力状态下对孩子的不当管教，对孩子的健康发展有积极的作用。家长在遇到压力时的处理方式，也会影响孩子面对困难时的态度和方法。今天，我们就一起聊聊压力对我们的影响，以及怎样应对压力。

讨论环节

引入活动：如果我们把压力值范围设为 1 ~ 10，1 为最低，10 为最高。大家想一下，你目前的压力值是多少？

目标：引导大家关注自己的压力状态

讨论方式：大组分享

活动步骤：

1. 请每个人说说自己目前的压力值大概处于哪个位置，在白板上做一个简单的统计。

2. 根据分享简单总结一下大家的压力状态，比如，多数人都处于中间的位置，少数人压力较大等。

3. 根据大家分享的数值，问问大家在目前的压力状态下，最明显的表现是什么？

活动提示

1. 如果大家不太理解压力表现是什么，协助者可以先举自己的例子，比如，我目前的压力值是 5，我会感觉身体紧张，行动力差。
2. 在引入活动中，只需要让大家简单分享压力表现即可，不需要具体展开。

总结提示：

协助者：大家可以看到，每个人都处于不同的压力状态下，虽然压力的来源可能不同。有些压力来自家庭，有些是经济上的，有些来自意外发生的事情，有些是由于身体上的病痛等。当这些压力出现的时候，如果没有适当的应对方式，压力就会累积，这样不仅会影响我们的身心健康，也会影响我们跟孩子的交流方式。关注自己的压力状态，是我们正确应对压力的第一步。

主体活动一：想一想，压力对我们有哪些影响呢？

目标：觉察压力对我们的影响

讨论方式：画一画

活动步骤：

1. 根据家长人数分组，每组 4 ～ 6 人（可以通过简单的报数分组，如分成 5 组，则大家按 1 ～ 5 报数；也可以用一些常用的趣味游戏分组）。

2. 每组发一张大白纸，组员在大白纸上共同画出一个人的轮廓。

3. 延续刚才活动对压力表现的分享，小组内继续讨论：有压力的时候，自己的身体会有什么反应？有哪些想法和感受？会有哪些行为？然后把这些反应写在大白纸相应的位置上。

4. 请每组选一个代表来分享，提醒大家不仅要关注身体反应，也要关注压力给自己带来的情绪和行为表现，而这些在日常生活中可能是被忽略的。

5. 问问大家：回想一下，你观察到的自己的孩子在有压力时有哪些反应呢？请几名家长分享。

活动提示

协助者可以先举例来启发大家思考和讨论，比如，在脸的部位画一张嘴，然后说："有压力的时候，我就不太愿意和别人说话。"在所有组分享结束后，协助者可结合本单元附件一，向大家总结展示。

总结提示：

协助者：从大家的分享中，我们可以看到压力的影响。我们的身体、情绪或想法、行为都会发生变化，提醒我们有什么不对了，需要做点儿什么来减轻压力。压力对孩子的影响通常也会体现在这几方面。我们需要对自己和孩子的压力反应有所觉察，才能及时缓解压力，不让它们累积到过度的状态。

主体活动二：当我们意识到自己处于很大压力的情况下，应该怎样应对呢？

目标：引导家长思考应对压力的方法，邀请家长分享自己应对压力的经验

讨论方式：小组讨论

活动步骤：

1. 给大家 5 分钟讨论时间，在小组内说说自己怎样应对压力，有哪些减压方式。

2. 各组派代表在大组分享，协助者在白板上简要记录，形成一个减压

方法的清单。在分享某种方法的时候，可以问问其他组有没有人用过这种方法，效果怎么样。

3. 带大家一起看看“减压神器”清单，参考本单元附件二加以补充和总结。如果有些是消极的减压方式（如喝酒、暴饮暴食等），请大家共同讨论利弊：这些方法能不能持久有效地帮我们减压？会不会带来其他后果？

4. 最后，让大家说说，哪些减压方式适合跟孩子一起做？把这些方式在清单上圈出来，鼓励家长跟孩子一起找到适合他们的减压方式。

活动提示

提醒大家使用不伤害自己、不伤害他人和不伤害环境的减压方式。

总结提示：

协助者：刚刚讨论的这些方法，能帮助我们缓解压力，有利于我们的身心健康，让我们在面对压力时仍然能够给孩子提供良好的照料。

建议：可以在这里结束本次活动。时间允许的话，建议带着家长做一次身体放松，协助者可以选择自己以前做过的活动，也可以使用“可选活动：身体放松法”。这既能让家长体验这种减压方法，也可以缓解他们在参加整个活动过程中可能存在的紧张情绪，在轻松的氛围里结束本次活动。

可选活动：身体放松法

目标：带领家长体验身体放松的方法

活动步骤：

1. 按照本单元附件三的指导语，带领家长进行身体放松，可以根据时间选其中一部分来做。

2. 为了帮助家长更好地关注身体感受，建议不使用背景音乐。

3. 问问大家放松完有什么感受，可以是身体感受，也可以说说心情怎么样。

活动提示

协助者需提前跟随指导语练习身体放松活动，体会需要什么样的语速和节奏。也可以把指导语打印出来，发给家长，建议他们回家带着孩子一起做做身体放松活动。

总结

协助者：今天我们的活动先到这里，非常感谢大家的积极参与。我们今天一起觉察了自己的压力状态、思考了压力对我们的影响以及学习了正确应对压力的方法。健康的减压方法可以使我们心情和身体放松，希望大家再遇到压力的时候可以去试试，找到适合自己的减压方法。

分享收获与布置作业

协助者：谢谢大家的参与！

在活动结束之前，请每个人用一两个词或一句话分享一下自己的收获或者感受，可以轮流发言，也可以随机分享，直到每个人都分享完毕。协助者可以先做示范，也可以最后分享作为收尾。

课后作业：

我们今天学习了如何应对压力，给大家留一个小任务，回家跟孩子一起制订他（她）的或你们共同的“减压神器”清单，并跟孩子一起练习缓解压力的方法。

附件一

压力的影响

身体反应：

头晕、头疼、乏累、汗多、胸闷、失眠、脱发、肠胃不舒服、内分泌紊乱、呼吸急促、心跳加速等。

情绪：

着急、生气、烦躁、内疚、自责、无力、无助、无望、羞耻、悲伤等。

想法：

“都是我的错”“我不是个好妈妈/好爸爸”“我没教育好孩子”“没人关心我”“我什么都做不了”等。

行为：

不愿意参加活动，食欲降低（或增加），反复做某件事（如洗手、上厕所、做家务等），注意力不集中，记忆力下降，拖延，经常出错，说话很急，抽烟、喝酒明显增多，打骂孩子等。

附件二

“减压神器”清单

我们可以从控制压力源（如 7）、合理计划（如 8）、寻求支持和帮助（如 9）、自我鼓励（如 10）、放松活动（如 1、2、3、4、5、6）几方面减压，协助者可以在总结和补充“减压神器”时参考以下方式：

1. 做 10 次深呼吸。

2. 练习瑜伽等放松运动。

3. 跑步。

4. 哭一场。

5. 用冷水洗把脸。

6. 听自己喜欢的音乐。

7. 离开当下的环境，去外面走走。

8. 降低期待值，制订合理的目标。

9. 和一个能理解并善于倾听的家人或朋友说一说。

10. 积极地自我对话和鼓励，“我已经做得很好了”。

附件三

身体放松法

指导语

1. 在椅子上用舒服的姿势坐好，轻轻地闭上眼睛。现在，假装用你的左手捏一颗橙子，使劲捏，尽量把所有的橙汁都挤出来。挤橙子的时候感受你的手和手臂的紧张感。现在把橙子放下，放松，感受你的手和手臂在放松时感觉有多么好。

2. 现在，用右手再重复一次。假装用你的右手捏一颗橙子，使劲捏，尽量把所有的橙汁都挤出来。挤橙子的时候感受你的手和手臂的紧张感。现在把橙子放下，放松，感受你的手和手臂在放松时感觉有多么好。

3. 想象你是一只毛茸茸的小猫咪，你想要伸展身体。在胸前伸展你的胳膊，把胳膊举高，高过你的头顶，再缩回来，感受肩膀受到的拉伸。把胳膊再举高一点儿，现在放下胳膊，让它们自然垂在身体两侧。好了“小猫咪”，现在再伸展一次。

4. 现在想象你是一只乌龟。你正趴在池塘边的一块大石头上，池塘的景色很美、很平静，你在温暖的阳光下放松。这里感觉很舒服、很暖和、很安全。忽然，你感觉到了危险。快把头缩进壳里，尽量让你的肩膀靠近耳朵，把头压低，靠近肩膀，保持紧张的状态。乌龟缩进壳里可不容易呢！现在危险过去了，你可以出来接着享受温暖的阳光，再一次放松地待着。

5. 现在你的嘴里有一块超级硬的口香糖，特别难嚼。咬一口，使劲！让颈部的肌肉帮帮你。现在放松，让下巴放松。感受下巴松弛下来感觉多么好。好了，让我们再嚼一下那块硬硬的口香糖（可以重复一次）。

6. 飞来一只讨厌的苍蝇，它落在你的鼻子上。试试不用手把它赶走。对了，把鼻子皱起来。努力在你的鼻子上挤出更多皱纹，使劲把鼻子皱成一团。非常好，你已经把苍蝇赶走了。现在可以放松鼻子了（可以重复一次）。

7. 现在有一只可爱的小象走过来了，但是它没看见你躺在这边的草地上，马上就要踩到你的肚子了。别动！你没时间逃跑了，还是准备好应对这只小象吧。让你的肚子变硬，收紧你的腹部肌肉。挺住！咦，小象好像朝另一边走了，你现在可以放松了。让你的肚子变得柔软，让它尽可能地放松，你感觉好多了（可以重复一次）。

8. 现在假装你光脚站在一个宽阔、松软的泥坑里。让你的脚趾钻进泥里，努力把你的脚踩到泥坑的最深处。往下压，把脚趾分开，感受泥在脚趾缝里挤出来的感觉。现在从泥坑里出来，放松双脚。让你的脚趾松散开，感受这种舒服的感觉。放松的感觉真美妙啊（可以重复一次）！

9. 好，现在可以睁开眼睛了。

第二单元

每个孩子都不同

▶▶▶ 本单元内容介绍 ◀◀◀

知识要点

每个孩子都是不同的，都有各自与生俱来的气质特点。气质是指每个人在情绪、运动、注意反应以及自我调节等方面的基本模式和倾向。例如，有些孩子可能更容易适应新环境，有些孩子则需要更多时间才能适应。

美国发展心理学家亚历山大·托马斯（Alexander Thomas）和斯泰拉·切斯（Stella Chess）对儿童气质做了系统的研究。他们发现，父母可以从以下几个方面来观察和了解孩子的气质：活跃程度、生活规律性、对新事物和环境的接纳和拒绝程度、适应性、是否容易被干扰、注意力集中程度、情感反应的强度、敏感度和情绪化程度。这两位心理学家按照在婴儿时期抚养的难易程度，将婴儿大致分成三种类型：容易型、困难型和迟缓型。

气质跟基因和生理等因素相关性较大，所以具有相对稳定性，但一个人的生活环境、家庭背景、教育方式等成长经历都会对气质产生影响。例如，困难型的孩子经常烦躁不安，在适应新事物时存在困难，但如果家长保持平和，坚持让孩子遵守规则，约束但也允许他们慢慢去适应，长此以往，这些孩子就会不那么任性了。很多困难型儿童在耐心、敏锐而又有要求的父母的培养下，到了童年晚期和青春期就不再属于困难型或不再表现出问题行为了。

但是，那些活动水平过高、喜怒无常、通过违抗命令吸引他人注意力的孩子，家长并不都是耐心和敏锐的。事实上，很多这类孩子的家长容易变得极端暴躁，没有耐心，常常采用惩罚的教养方式。然而，这样的态度和行为不适于困难型儿童，会导致他们对父母的强制和惩罚策略采取进一步的反抗，而且也容易在未来出现更多的问题行为。

父母如果采用暴力式的教养方式，孩子就会表现出更为消极、易怒、孤僻的气质，因为这种教养方式会打击孩子的自尊心、自信心和探索精神；而如果父母采用引导式的教养方式，孩子就会表现出更独立、有条理、积极主动的气质，因为这种教养方式可以促进儿童的自我反思和主动性发展。了解孩子的气质类型和特点，有助于父母采用更适合的方式跟孩子沟通，更好地理解和应对他们的情绪和行为，并为孩子提供更有效的支持和指导。

此外，父母的气质特点也会影响他们自己的行为方式、态度和教育方式，从而影响孩子的情绪、认知和行为发展。易怒的父母往往会对孩子的行为做出过度的反应，比如大声喊叫、体罚等，这会让孩子感到不安和恐惧，影响他们的情绪和行为发展；而坚韧的父母往往能够给孩子提供足够的支持和指导，让孩子更容易克服困难和面对挑战，从而促进孩子的行为和认知发展。父母可以通过自我认知和调节来更好地适应不同的情境和要求，提供更为健康和积极的家庭环境，促进孩子的全面发展。

需要强调的是，气质没有好坏之分，有各自的优势和局限。气质类型只是儿童个体的一部分特点，不能用来代表他们的全面发展和个性特点，我们要鼓励父母接受和尊重孩子的气质，找到适合自己和孩子的养育方式。

活动时长	60 ～ 90 分钟
目标	1. 了解孩子有天生的气质特点 2. 懂得气质没有好坏之分，每种气质都有优势和局限性 3. 思考怎样根据孩子的气质特点调整教养方式
参与人数	15 ～ 20 人
活动方式	头脑风暴、站立场、小组讨论

活动步骤

环节	建议用时	活动用具
欢迎活动	10 分钟	
引入活动	10 分钟	大白纸、白板笔
主体活动一	20 分钟	长绳或彩纸
主体活动二	25 分钟	大白纸、白板笔
总结	5 分钟	
分享收获与布置作业	10 分钟	

欢迎

欢迎大家参加今天的活动。

邀请参加上次活动的家长分享回家后的练习，有什么感受或体会；带大家一起做简单的热身活动。

回顾并引入本单元内容

协助者：上次我们讨论了怎样应对压力，希望对大家的生活有所帮助。从这次活动开始，我们一起来聊聊育儿的一些经验和体会。

注：回顾内容请根据实际情况调整。

讨论环节

引入活动：俗话说："养孩子，就好比种庄稼。"谁来说说养孩子和种庄稼有什么相似之处吗？

目标：引入"气质"的概念

讨论方式：头脑风暴

活动步骤：

协助者抛出问题，组员思考并直接说出自己的想法。

总结提示：

协助者：大家说得很对，每种庄稼对水、土壤、光照等要求都不一样，要想庄稼长得好，就得充分了解它们的特性，根据特性来施肥和浇水，就像每个孩子都有不同的特点，要用不同的育儿方法一样。孩子的特点，有些是在成长过程中，受后天的教育方式和环境等影响而逐渐形成的；有些则是天生的气质差异，也就是我们所说的天生的性情。

协助者可以这样过渡：平常总听有些家长说，“这孩子脾气太大了，一点儿小事就生气”，或“孩子总毛毛躁躁的，不像隔壁家的那么稳重”，或“我家老大挺安静的，老二太闹了”等。我们会发现每个孩子都不一样，比如有的孩子就是很难带，而有的孩子从小就不爱哭闹。这可能就是天生的气质类型不同所导致的。那么，气质到底是怎么一回事儿呢？

根据婴儿期的情况，孩子的气质特点大体可以分成三种：容易型、困难型和迟缓型（参考本单元附件一）。解释说明气质有相对稳定性，所以婴儿期的特点会持续到儿童期和成年期，但生活环境和家长的教养方式也会对孩子的气质产生影响。例如，很多困难型孩子在耐心、敏感而又有要求的父母培养下，到了童年晚期和青春期就不再属于困难型或不再表现出问题行为了。

主体活动一：气质有好坏之分吗？

目标：引导家长思考气质是否有好坏之分

讨论方式：站立场

活动步骤：

1. 在地上摆放一根长绳，让大家聚集到绳子附近（也可以用彩纸做成卡片，写上每种立场：①活跃、②安静、③不确定、④有、⑤没有。分别请一名家长站在队伍前面帮忙举写有每种立场的卡片）。

2. 问问大家：你更喜欢活跃的孩子还是安静的孩子？指导大家，更喜欢活泼孩子的家长请走到一边，更喜欢安静孩子的家长请走到另一边，不确定的请走到绳子中间。

3. 在每组选几名家长说说自己的想法，可先邀请站在两边的家长。问问大家：

活跃的孩子的优势是什么？（如喜欢探索新事物，愿意接受挑战和竞争）局限是什么？（如行为冲动，注意力容易分散）

安静的孩子的优势是什么？（如情绪和行为比较稳定）局限是什么？（如可能缺乏主动性和冒险精神）

4. 请大家留在原地，继续提问：你觉得气质特点有好坏之分吗？认为有好坏之分的站到一边，认为没有好坏之分的站到另一边，不确定的站到绳子中间。在每组选几名家长说说自己的想法，可先邀请认为有好坏之分的家长。

5. 请大家回到座位上。

总结提示：

协助者结合本单元附件二进行总结：谢谢大家的积极参与。在刚才的活动中，我们知道了每种气质特点都有自己的优势和局限，没有好坏之分。要提醒大家注意的是，并非所有儿童都适用于这一分类，这些术语也不带有对气质类型的价值判断。不同气质类型之间没有高低之分，也不意味着某一种气质优于另一种。在养育孩子的过程中，我们要学习尊重孩子的气质特点，并根据孩子的特点调整教养方式。不拿孩子去跟别的孩子作比较。在他们遇到困难时，跟他们一起寻找解决问题的方法，而不是强行改变他们的特点。

主体活动二：了解孩子的气质特点后，我们应该怎样调整教养方式呢？

目标：探讨怎样根据孩子的特点调整教养方式

讨论方式：小组讨论

活动步骤：

1. 把家长分成三组，分别讨论一下孩子不同的特点所带来的挑战，应该用什么样的育儿方法：

特点一：孩子胜负心强，只喜欢赢，输了就很沮丧，该怎么办？

特点二：孩子性子急又容易发脾气，经常跟别的孩子起冲突，该怎么办？

特点三：孩子总是胆小害羞，该怎么办？

2. 每组发一张大白纸，把讨论的要点写在上面。

3. 每组选一个代表分享讨论结果，协助者可以参考本单元附件三做总结。

总结提示：

协助者：谢谢大家分享的方法，通过刚才的讨论，我们可以看到教养方式对孩子的影响：耐心、温和而坚定的父母往往能给孩子提供足够的支持和指导，让他们更容易克服困难和面对挑战，从而促进孩子的行为和认知发展；而易怒的父母往往会对孩子的行为做出过度的反应，比如大声喊叫、体罚等，这会让孩子感到不安和恐惧，影响他们的情绪和行为发展，会导致更多的行为问题。

总结

协助者：今天我们讨论了孩子的气质特点，以及不同的特点适合用什么样的教养方式。希望大家在今后的生活中，尊重孩子的气质特点，并及时调整自己的养育方式，为孩子营造一个积极有爱的成长环境。下次活动，我们将一起讨论孩子的发展规律和特点，进一步增加对孩子的了解。

分享收获与布置作业

协助者：谢谢大家的参与！

在活动结束之前，请每个人用一两个词或一句话分享一下自己的收获或者感受，可以轮流发言，也可以随机分享，直到每个人都分享完毕。协助者可以先做示范，也可以最后分享作为收尾。

课后作业：

我们今天学了气质类型，接下来一周的小任务就是想一想：根据孩子的气质特点，你觉得自己的教养方式应该做哪些调整，并试着去做出改变。下次活动我们来分享大家的思考和实践。

附件一

三种不同的婴儿气质类型

1. 容易型气质（约占 40%）

这类孩子从婴儿期就很乖，吃饭、睡觉有规律，可以预测。大部分时间是愉快的，让父母感觉很省心。他们脾气平和，情绪较为积极，对于新事物较为开放和适应。

容易型孩子常常听从父母的话，有时尽管不情愿，也不会违抗父母的意愿。容易型孩子通常不表露出不开心或苦恼等负面情绪，总是习惯性地承受，因此容易被父母或老师忽视。

2. 困难型气质（约占 10%）

和容易型气质相反，困难型孩子经常哭闹。家长在照顾孩子的过程中，会感到很吃力。另一个典型特点是，经常和父母唱反调。因此，这类孩子的父母常常觉得养孩子简直操碎了心。

这类孩子不喜欢被条条框框所束缚，他们想象力丰富，敢想敢做，有自己独特的见解，乐于用自己特有的方式挑战新鲜事物或者挑战权威。他们比较活跃、易怒、生活没有规律，对改变常规会有过度反应，对新的事物和人适应较慢。

3. 迟缓型气质（约占 15%）

这类孩子不怎么活跃，对新的人和环境适应较慢，在结识新伙伴时，常常会害羞。但是与困难型儿童不同，他们对新异刺激的反应一般较为温和，不会过激和消极。例如，他们不要人抱时会往别处看，而不是又踢又叫。

迟缓型孩子虽然需要较长时间去适应新事物或环境，但完全适应后，他们就会表现出热情开朗的一面，或踏实地持续做一件事情，表现出非同一般的努力与执着。

注：以上三种类型只涵盖了约65%的婴儿，另有35%的婴儿不能简单地划归到上述任何一种气质类型中，他们往往具有上述几种气质类型的混合特点。

附件二

气质特点简易说明

活跃水平

活跃的孩子总是愿意动来动去，很难安静地坐下来；

安静的孩子喜欢安静地坐着，通常要花比较长的时间去完成一项任务。

适应变化的能力

适应快的孩子喜欢去新的地方玩，能很快适应新的环境；

适应慢的孩子表现出对新环境和陌生人的害羞，喜欢的玩具、教室和老师都是不变的，通常要花比较长的时间去适应变化。

规律性

有规律的孩子睡觉、吃饭都有相对固定的时间，或有自己喜欢的玩具、餐具，对变化敏感；

不太规律的孩子会表现出睡觉、吃饭都不规律，喜欢尝试不同的方法去做一件事，对生活中细微的变化不敏感。

注意力集中程度

注意力较集中的孩子会较快地完成一项任务，学东西时很专心，有时候注意力太集中，甚至无法注意到周围的危险情况等；

注意力不集中的孩子经常很难独自一人完成任务，需要不断提醒，做事会三心二意，喜欢同时做几件事。

情绪状态

通常情况下，孩子情绪比较愉快，容易交到朋友，与他人相处比较容易；

情绪低落的孩子容易觉得沮丧，交新朋友比较难，产生负面情绪的时候较多。

附件三

适应孩子气质的育儿方法

问题一：孩子胜负心强，只喜欢赢，输了就很沮丧，该怎么办？

- 家长首先要接纳和理解孩子的情绪，与孩子共情，比如，“喜欢赢是很正常的，爸爸妈妈也喜欢赢，输了也会难过”。
- 鼓励孩子多表达感受，比如，赢的时候有什么感受？输了的时候呢？引导孩子去关注比赛的过程，而不是结果。
- 避免讲大道理，不用“输不起，没出息”这类负面的表达评判孩子。
- 在孩子情绪平复后，跟他（她）一起讨论在比赛中的收获成长以及进步的空间，比如，在这次比赛中你做得好的地方是什么？你觉得别人做得好的地方是什么？你觉得自己下次有哪些地方可以提高吗？引导孩子正确看待自己和别人的优势与不足。

问题二：孩子性子急又容易发脾气，经常跟别的孩子起冲突，该怎么办？

- 家长要调整好自己的情绪，不要被孩子的情绪带着走，更不要用体罚或暴力管教的方式。家长温和、耐心地沟通和安抚，有助于这类孩子缓解情绪。
- 清楚地设定界限，可以帮助孩子发展自我管理的能力。同时家长要在很多事情上提前与孩子达成共识，让孩子逐渐意识到界限、规则以外的事情是不可以做的。尽早让孩子参与到规则的制定中，效果会更好，同时提高家长“聆听”孩子需求和想法的能力（如何与孩子一起制定规则相关内容在第五单元详细介绍）。

- 尽量在可能引起孩子急的事情发生前做好准备，因为在冲突发生后再进行引导效果往往不佳。比如，在送去幼儿园的路上，叮嘱孩子自己喜欢的玩具要记得和他人分享，或去医院看病，提前和孩子说会做哪些检查，鼓励孩子要勇敢，如果能和孩子预演一下就更好了。

- 确保每天给孩子提供足够释放能量的游戏活动，孩子在游戏中会学习规则和与人相处的方式。

- 通过示范，教给孩子有用的社交技巧。比如，如何协商，如何邀请别人来玩，如何帮助别人，如何分享自己的想法和建议等。

问题三：孩子总是胆小害羞，该怎么办？

- 避免在孩子面前说“怎么这么胆小”之类的话，不要拿孩子跟别人作比较。

- 多给孩子提供认识新人、新事物和新地方的机会，但是要慢慢来，一步一步介绍，掌握好节奏，站在孩子的角度，耐心地等待孩子学会主动。记住：胆小的孩子需要多一点儿时间来调整自己去适应新环境。

- 耐心，耐心，还是耐心！千万不要抱着“使劲推出去就好了”的想法。记住：对于容易紧张、害羞的孩子，如果家长总是强行“推出去”，可能会让孩子日后遇事更紧张，逐渐削弱自我调控的能力。

- 通过示范，教给孩子一些处理紧张情绪的方法，特别是用语言来帮助孩子说出这些紧张的情绪。比如，对于学前的孩子，可以教给他（她）“害怕”“紧张”等简单的词汇来表达心情；小学阶段的孩子，可以帮他们更具体地表达感受，比如“手心冒汗，心跳得好快”等；再大一些的孩子，可以直接和他（她）谈谈紧张的感受和原因。当孩子在说出紧张的情绪后接收到的不是批评，而是理解、鼓励和安慰，紧张的程度自然会缓解。

第三单元

儿童发展有规律

▸▸▸ 本单元内容介绍 ◂◂◂

知识要点

在每个发展阶段，儿童都表现出一定的特点，有很多共同的规律。儿童的发展通常包括四方面，即身体、语言、认知、社会情感，这四方面是相互影响、相互促进的。身体发展，包括身体上的变化和发展，以及掌握各种运动的能力，比如爬、走、跑、跳等肢体运动的发展和手眼协调等精细动作的发展等。语言发展，是指孩子如何获得和使用语言、如何与他人交流等，包括听、说、读、写的能力。认知发展，是指智力上的发展，也就是孩子是如何认识周围世界的，包括对事物理解的能力、记忆力和专注力等。社会情感发展，就是孩子如何在与父母、亲人、朋友、老师等周围人的交往互动中形成“我是谁”的概念，表达自己的情感，感受到他人的情感以及与他人和谐相处等。

根据美国心理学家爱利克·埃里克森（Eric Erickson）的社会心理发展阶段理论，一个人从出生到成年之前，会经历以下几个成长阶段。

0～1 岁：建立依恋关系的重要时期。即孩子和家长之间的情感纽带，如果是一种温暖的、亲密的、持续的关系，则会给孩子和家长带来满足感和幸福感。当婴儿得不到及时抚慰或遭到粗暴对待时，会产生不信任感，认为世界是无情的和不友善的，因而无法形成安全的依恋。因此，家长要尽可能多地关注并观察孩子，敏感地意识到他们的需求，给孩子及时的反馈和抚慰，让他们与亲密的家人建立信任。安全的依恋关系为孩子提供了一个探索世界的稳固基础，同时在他们感到焦虑时，成为一个避风的港湾。

1 ~ 3 岁：培养自主感的关键阶段。如果孩子受到限制和过度保护，便会觉得羞愧和自我怀疑。因此，家长要给孩子适当的自主权，鼓励他们在安全范围内进行探索和自由活动，这样有助于发展他们的独立自主性。这个时期的典型事件是“秩序敏感期”的出现，即孩子对规则的要求，如对东西怎样摆放、先做什么后做什么、谁做什么事等有着几近苛刻的要求。例如，妈妈打扫卫生的时候将玩具挪动了位置，孩子会哭闹；只有将玩具放回原来的位置，孩子才会停止哭闹。

3 ~ 6 岁：培养主动性的关键阶段。孩子通过装扮游戏来探索自己可能成为什么样的人、自己能做什么。当然，有些探索可能是不合适的，比如扮演一些过于暴力的角色，适当地制止有助于发展孩子的内疚感与道德感等；但是过多的干涉会挫伤孩子的能动性和进取心，使他们自我压抑、不愿冒险和担负责任。因此，家长要支持孩子健康有益的自主行为，鼓励孩子努力达成自己的目的，让他们感到自己做的事是得到认可的，从而发展主观能动性，这些都有益于孩子创造性和责任感的发展。

6 ~ 12 岁：培养儿童勤奋品质的关键阶段。这是孩子进行知识学习的关键阶段，勤奋学习的态度和能力对将来的工作也有重要影响。因此，这一阶段要注重培养孩子的勤奋感。同时，要引导家长正确看待孩子的学习成绩。

12 ~ 18 岁：自我认同形成的重要阶段。青春期的孩子要形成“我是谁”“我想成为怎样的人”的概念。在这个阶段，孩子开始探索自我和个性，并尝试建立自己的价值观和人生目标。他们的批判性思维能力开始提高，并学习处理情绪和压力。

了解孩子各发展阶段的规律和特点，能帮助家长识别孩子的哪些情绪和行为问题与所处发展阶段有关，从而有助于家长更好地满足孩子的发展需求，对孩子的发展有比较合理的预期，有效减少育儿焦虑。

活动时长	60 ~ 90 分钟
目标	1. 了解儿童每个发展阶段的主要规律和特点 2. 结合不同阶段的发展特点，理解和管理孩子的行为
参与人数	15 ~ 20 人
活动方式	大组分享、小组讨论

活动步骤

环节	建议用时	活动用具
欢迎活动	10 分钟	
引入活动	10 分钟	白板、白板笔、便利贴
主体活动一	20 分钟	大白纸、白板笔、彩笔
主体活动二	20 分钟	白板笔
总结	5 分钟	
分享收获与布置作业	10 分钟	

欢迎

欢迎大家参加今天的活动。

邀请参加上次活动的家长分享回家后的练习，有什么感受或体会；带大家一起做简单的热身活动。

回顾并引入本单元内容

协助者：上次工作坊我们了解了孩子有不同的气质特点。除了气质类型，孩子在成长过程中的不同年龄阶段还有一些共同的发展规律和特点。了解这些规律和特点，有助于家长为孩子提供更适合他们发展阶段的照料方式。在孩子出现某些情绪和行为问题时，我们也能更容易分辨这些问题是不是跟孩子所处的年龄段有关，就能对孩子的发展有比较合理的预期，减少一些育儿焦虑。

注：回顾内容请根据实际情况调整。

讨论环节

引入活动：目前这个阶段，孩子让你最困惑或感觉最困难的行为或表现是什么？

目标：收集家长目前的育儿困惑

讨论方式：大组分享

活动步骤：

1. 让大家想一想，目前这个阶段，孩子让你最困惑或感觉最困难的行为或表现是什么，写在便利贴上（不同年龄段的组可以用不同颜色的便利贴）。

2. 让大家把便利贴贴在白板上，带大家一起简单看看都有哪些行为和表现。

可能出现的行为表现有：

◇ 黏人；
◇ 注意力不集中，特别爱动，学习时坐不住；
◇ 不愿意写作业，内驱力不够；
◇ 说脏话；
◇ 贪玩；
◇ 不会管理时间；
◇ 玩手机；
◇ 孩子有自己的想法，开始顶嘴，喜欢争辩；
◇ “叛逆”；
◇ 孩子自主意识加强，听不进家长的建议；
◇ 情绪起伏大；
◇ ……

总结提示：

协助者：谢谢大家的分享。能看到大家对育儿还是有很多困惑的，我们知道，孩子的很多行为和表现都跟所处发展阶段的特点和需求有关，了解这些特点和需求，能帮助我们更好地理解孩子的情绪和行为。我们先来看看各个年龄段孩子的发展规律和特点，然后再来看看，对刚才大家列出的困难行为和表现，是不是会有不同的理解和认识呢？

主体活动一：你的孩子所处的年龄段有什么特点？

目标：讨论各年龄段孩子的发展规律和特点

讨论方式：小组讨论

活动步骤：

1. 介绍儿童发展的五个阶段：婴儿期（0 ~ 1 岁）、幼儿期（1 ~ 3 岁）、学龄前期（3 ~ 6 岁）、学龄期（6 ~ 12 岁）和青春期（12 ~ 18 岁）。把家长按自己孩子的年龄分成五组（如果人数较少，可以适当合并，如婴儿组和幼儿组合并在一起），讨论一下这个年龄段的孩子有哪些特点或发展规律。

2. 每组选一名代表简单记录本组的讨论重点，比如，学走路、会自己吃饭、会唱儿歌、注意力不集中、喜欢争辩等。

活动提示

提醒大家在讨论发展特点和规律时要有性别平等意识，例如，男孩女孩都可能擅长运动等。

3. 从婴儿组开始，依次邀请各组代表分享讨论结果，协助者把重点词写在白板上（如果有的组讨论出来的内容少，可以请其他年龄组补充，或结合本单元附件二进行补充）。

4. 总结家长分享的内容并介绍孩子的发展可以分为四方面（参考本单元附件一）：身体发展，是指身体上的变化和发展，以及掌握各种运动的能力，比如爬、走、跑、跳等肢体运动的发展和手眼协调等精细动作的发展等；语言发展，是指如何获得和使用语言、如何与他人交流等，包括听、说、读、写的能力；认知发展，是平时所说的智力上的发展，即孩子是如何认识世界的，包括对事物理解的能力、记忆力和专注力等；社会情感发展，包括孩子如何在与周围人的交往互动中形成“我是谁”的概念、表达自己的情感、感受到他人的情感以及与他人和谐相处等。

总结提示：

协助者：谢谢大家的讨论，我们可以看到，孩子的各个发展方面是互相影响、互相促进的，比如，随着语言的发展，孩子表达情绪的能力也会提高，而社会情感能力的提升也会促进认知和学习的发展；这几方面也有重合，比如，用语言表达情绪既包括社会情感发展，也包括语言发展。接下来，我们看看怎样结合不同阶段的发展特点，来理解和管理孩子的行为。

主体活动二：再想一想，怎样理解孩子在目前这个阶段让你最困惑或感觉最困难的行为或表现？

目标：结合不同阶段的发展特点，理解和管理孩子的行为

讨论方式：大组讨论

活动步骤：

1. 展示引入活动的便利贴白板，让大家重新看看这些目前觉得困惑的行为和表现，有没有什么不同的理解和认识。

2. 让大家想一想，哪些问题是符合孩子发展阶段，需要家长调整养育方式去适应发展的（比如，自主意识加强、“叛逆”等）；哪些是需要给孩子提供进一步支持和指导的（比如，不会管理时间等）；哪些可能不属于该年龄段的特点或规律，是需要家长重点关注的问题（比如，孩子总是情绪低落、有攻击行为等）。

3. 请几名家长分享一下看法和感受。

总结提示：

协助者：谢谢大家的讨论和分享。我们会发现，孩子的某些行为，有可能是他们这个年龄段的成长特点和心理需求，比如，家长认为的青春期“叛逆”，其实是青少年独立自主意识增强的表现。家长需要结合孩子自身的特点，来理解和接纳他们的行为。同时也要注意，如果孩子确实表现出一些与儿童发展规律不符的情况，比如身体、语言、认知等发展的滞后，就需要相关的专业支持和指导。

总结

协助者：通过今天的讨论和学习，我们了解了不同年龄段孩子的成长规律，这有助于更好地了解孩子的发展状况，有助于对孩子的成长和行为有更合理的预期，从而减少育儿焦虑，也能更容易理解和接纳孩子的情绪和行为。了解儿童发展的知识和育儿方法也能让我们看到自己作为父母角色的重要性，并为孩子提供与他们年龄、个体发展特点水平相符的养育方式，从而更有利于他们的健康发展。

分享收获与布置作业

协助者：谢谢大家的参与！

在活动结束之前，请每个人用一两个词或一句话分享一下自己的收获或者感受，可以轮流发言，也可以随机分享，直到每个人都分享完毕。协助者可以先做示范，也可以最后分享作为收尾。

课后作业：

接下来一周我们的小任务就是尝试结合儿童发展规律来看待和理解孩子的行为表现，下次活动我们一起分享你有什么新发现。

附件一

儿童发展区域图

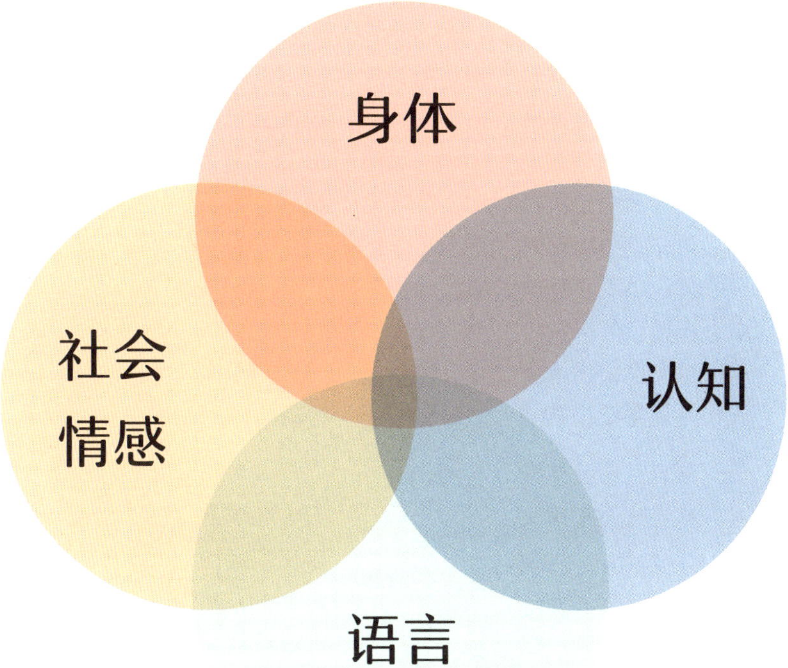

附件二

儿童的成长规律表（婴儿期 0 ~ 1 岁）

年龄	身体发展	语言发展	认知发展	社会情感发展
1 个月	帮宝宝俯卧并将胳臂弯曲支撑在床上后，小脑袋会使劲向上拱；触碰手掌的时候，小手会立刻握紧；清醒放松的时候，小手会呈现空拳状态	把小摇铃放到宝宝的耳朵旁边摇动，宝宝会有反应，比如，动作减少、增多、睁大眼睛或皱眉等	把小红球悬挂在宝宝的正上方，然后左右移动，宝宝的视线可以随着球左右稍微移动	
2 个月	帮宝宝俯卧并将胳臂弯曲支撑在床上后，小脑袋可以抬起离开床面 2 秒钟；把勺子柄放在宝宝的手中，宝宝可以紧紧握住 2 秒钟；轻轻叩宝宝的手指，小手会马上打开	宝宝在清醒的状态下，会发出一些音，比如“呃”“啊”等	把小红球悬挂在宝宝的正上方，然后沿着额头和下巴方向移动，宝宝的视线可以随着球上下移动	

续表

年龄	身体发展	语言发展	认知发展	社会情感发展
3 个月	竖着抱宝宝的时候，小脑袋能够挺立住 10 秒钟左右；小手能够握住勺子柄 30 秒钟	可以时不时地“咯咯咯”地笑出声	把小红球悬挂在宝宝的正上方，然后左右 180 度移动，宝宝的眼、头会跟着做 180 度的移动	3 个月大的宝宝开始通过大量的观察和模仿来认识和表达感情了，喜欢和家长进行面对面的交流 家长小贴士：与宝宝进行面部表情交流，通过相互模仿表情，宝宝会感受到家长的关注和对自己的感受有反应，这是家长与孩子感情交流的开端；同时，也要关注孩子是否刺激过多，当发现宝宝将头转开或开始哭闹，要及时停止与孩子的互动，帮助孩子恢复平静
4 个月	帮宝宝俯卧并将胳臂弯曲支撑在床上后，小脑袋可以高高离开床面成 90 度；小手试着去抓悬在胸上的玩具	发出咿呀的声音；把拨浪鼓放到耳朵旁轻轻摇晃，宝宝会转头去寻找声音	可以注意到镜子中的人	4 ~ 7 个月的宝宝对语言理解能力有了显著的提高，同时开始通过眼神和肢体动作来邀请家长一起游戏，或在遇到一个特别的物品或经历时，会把家长作为一个安全的堡垒，向家长寻求情感信息的提示。特别是到了 8 个月左右，宝宝出现了一系列对陌生人的焦虑感

续表

年龄	身体发展	语言发展	认知发展	社会情感发展
5个月	握住宝宝的手腕往上拉，宝宝可以主动用力坐起，小脑袋可以挺直；宝宝可以主动地将双手抱到一起玩	看到亲人或物品会发出“咿呀”的声音	让宝宝手里握住一个玩具，在拿出另一个玩具时，宝宝会马上注意到	
6个月	把宝宝仰卧放在床上后，宝宝可以翻过身来；给宝宝一张纸巾，宝宝会撕揉	宝宝对自己的名字有反应	把宝宝抱坐起来，拿起玩具引起宝宝的注意后，将玩具扔到地上，宝宝会低头寻找玩具	家长小贴士：当宝宝表露出情感时，家长要通过语言和面部表情对孩子的情感做出反应，这有助于宝宝把情感转化成语言表达出来；对于陌生人焦虑，家长要表现得放松或表示友好，而让宝宝觉得这个人可以信赖
7个月	宝宝可以背部挺直坐在床上，不需要小手撑床面；给宝宝一个瓶盖玩，宝宝会用整个小手掌来抓握	能发出“baba”“mama”的声音，但并不一定真的在叫“爸爸”“妈妈”	宝宝一只小手握住一块积木后，如果这只小手的旁边又出现一块积木，宝宝会将第一块积木传到另外一只手上，再去拿另一块	

续表

<table>
<tr><th>年龄</th><th>身体发展</th><th>语言发展</th><th>认知发展</th><th>社会情感发展</th></tr>
<tr><td>8 个月</td><td>两只小手扶着支撑物可以站立；给宝宝一个瓶盖玩，宝宝会捏住瓶盖</td><td>宝宝可以做主动伸出双臂表示抱抱，或咂咂小嘴表示好吃等动作</td><td>在宝宝面前摇动小摇铃，宝宝也会跟着一起摇动</td><td rowspan="4">8 ～ 12 个月的宝宝与家长共享情绪的能力更强了，换句话说就是能够理解家长的感情了；同时，宝宝对家长更为依赖了，因为他们知道虽然父母离开自己的视线了，但是还在周围，他们会想念父母，希望父母回到自己的身边，这使得宝宝开始出现分离焦虑</td></tr>
<tr><td>9 个月</td><td>宝宝可以将腹部抬起离开床面，双手和膝盖着地向前爬行；给宝宝一个瓶盖玩，宝宝会用拇指和食指捏住瓶盖</td><td>当妈妈说“欢迎”或“再见”等，宝宝可以相应地做出动作</td><td>宝宝可以两手拿着积木对敲</td></tr>
<tr><td>10 个月</td><td>宝宝可以自己翻身然后坐起；小手更灵活了，拇指和食指可以熟练地拿捏小的玩具</td><td>当被问到“爸爸在哪儿”“玩具在哪儿”等，宝宝会用眼神表示出来</td><td>拿出一个小纸盒，把玩具放在里面，宝宝会去寻找纸盒里的玩具</td></tr>
<tr><td>11 个月</td><td>帮宝宝站稳后，松开双手，宝宝可以独立站稳 2 秒钟以上；宝宝可以将瓶盖捏起放入杯中</td><td>把一个玩具放在宝宝面前，但告诉宝宝不可以拿、不要、不行的时候，宝宝能够停止、不去拿玩具</td><td>给宝宝拿出一个熟悉的玩具，然后用一块布把玩具盖上，宝宝会拿开布寻找被盖住的玩具</td></tr>
</table>

续表

年龄	身体发展	语言发展	认知发展	社会情感发展
12 个月	帮宝宝站稳后，松开双手，宝宝可以独立站稳 10 秒钟以上；小手全掌握住一支笔，能画出道道	宝宝可以叫“妈妈”“爸爸”了	宝宝会用小手捏起瓶盖后，放在瓶口上	家长小贴士：8 ~ 12 个月的宝宝由爬向走过渡，对周围的事物更加感兴趣，家长在安全的范围内支持孩子去探索，满足他们的好奇心；对出现的分离焦虑，家长要做到每次离开时一定要告知宝宝，相信他们能够理解并且给他们自己处理焦虑的机会，绝对不能偷偷地溜掉，这样做只能让宝宝更加不信任家长，难以帮助宝宝恢复平静

（表格内容来源：《儿童神经心理行为检查量表 2016 版》，作者：金春华；《培养高情商的孩子》，作者：约翰·戈特曼）

儿童的成长规律表（幼儿期 1 ～ 3 岁）

年龄	身体发展	语言发展	认知发展	社会情感发展
15 个月	宝宝可以行走自如了；能拿着画笔自发地画道道	问宝宝五官在哪儿，宝宝会用小手指出自己的五官；能说大概 3 ～ 5 个字	宝宝能用小手来回翻弄图画书 2 次	1 岁以后的宝宝因为可以慢慢行走，更喜欢去探索周围的世界，不喜欢大人的束缚，想独立地去做自己想做的事情，“不要”“还要”“我做”等都是宝宝经常说的话，所以，这个时期的宝宝会显得非常不好带，非常累人；同时宝宝对周围的小朋友也越来越感兴趣，开始相互模仿、互动，但是社交技能很有限，对分享概念还是很难理解，因为他们认为“我的东西就是我的”，或“你的东西，如果我想要，它就是我的”，或“如果它是我的，它永远属于我”
18 个月	宝宝小手拿球或两手抱球扔出去，拿笔可以模仿成人画道道	宝宝能说大概 10 个字	宝宝可以往高搭积木 4 块以上	
21 个月	宝宝可以扶着墙慢慢上 3 级台阶；可以用小手把拉锁来回拉上拉下	宝宝可以说有 3 ～ 5 个字的句子	宝宝可以往高搭积木 7 块以上	
24 个月	宝宝可以双脚跳离地面，然后双脚落地；宝宝可以玩穿珠子的游戏	宝宝可以说出两句以上的诗词或儿歌	宝宝会玩简单的匹配类玩具，比如动物匹配板等	

续表

年龄	身体发展	语言发展	认知发展	社会情感发展
27 个月	宝宝可以不扶扶手上下台阶；可以模仿成人画出直直的竖线	宝宝能说出 7 ～ 10 个字的句子	给宝宝一块大积木和一块小积木，被要求把大积木给妈妈时，宝宝可以正确地给出	1 ～ 3 岁的宝宝对过家家尤为感兴趣。他们会与玩具说话、表扬或批评自己心爱的玩具伙伴，通过这种游戏来表达自己的感受和体会他人的感受
30 个月	宝宝可以单脚站立 2 秒钟；小手可以系扣子	宝宝可以说出自己的名字	在宝宝面前一边放一块积木，一边放几块积木，问宝宝哪边多，宝宝可以正确指出来	
33 个月	宝宝可以双脚离开地面往前跳跃一张 A4 纸的距离；小手可以拿笔模仿画出一个圆	宝宝可以说出“男”“女”和“里”“外”	宝宝可以往高搭积木 10 块以上；叮嘱宝宝做 3 件事，比如，把玩具捡起来，放到筐里，把筐放到桌子上，宝宝每件事情都会做	

续表

年龄	身体发展	语言发展	认知发展	社会情感发展
36 个月	宝宝可以学着成人高抬腿的姿势原地左右交替跳起；小手会使用工具拧螺丝钉	宝宝的发音基本清楚	在宝宝面前摆 3 块积木，问问宝宝“这是几块”，宝宝可以正确地说出“3”	家长小贴士：家长要理解孩子想自己做的感受，在安全允许的条件下，让孩子自己玩、去感受刺激，同时可以在生活中给孩子提供一些选择；在孩子们发生争抢玩具的冲突中，尽量认同孩子的感受，转移注意力，让孩子们分头玩可能是更好的方法；家长可以时不时参与到孩子过家家的游戏中，从中了解孩子的内心感受，同时培养孩子共情的能力

（表格内容来源：《儿童神经心理行为检查量表 2016 版》，作者：金春华；《培养高情商的孩子》，作者：约翰·戈特曼）

儿童的成长规律表（学龄前期 3 ~ 6 岁）

年龄	身体发展	语言发展	认知发展	社会情感发展
3 ~ 4 岁	能在较窄的低矮物体上走一段，比如沿着马路牙子走；能单脚连续向前跳 2 米左右；分散跑时能够躲避其他小朋友的碰撞；可以双手向上抛球；可以用笔涂涂画画；能用剪刀剪直线；能用勺子吃饭	别人对自己说话时能注意听并作出回应；能听懂日常会话；愿意在熟人面前说话；愿意表达自己的需要和想法；能口齿清楚地说儿歌等；能听懂短小的儿歌；能理解图画书画面中有什么、发生了什么等；在涂涂画画的过程中，可以说出画的是什么	对大自然感兴趣，认识常见的动物、植物；能够感觉和发现物体的质地，比如软硬、光滑和粗糙等；能够感知和体验天气对于生活和活动的影响；能够发现周围物体的形状，并理解上下、里外等方位词；对不同的形状感兴趣；能够发现生活中很多地方都会用到数，比如门牌号、电话号码、价签等；能够知道物体的大小、高矮、长短等量的特点；能够通过一一对应的方法比较物体的多少；能够手口一致地数出 5 以内的数，并能用数字来描述事物或动作，比如跳 4 下等	3 ~ 6 岁是培养孩子情绪调节能力最重要的阶段，孩子需要在这个阶段学习克制不恰当的行为，集中注意力，在公共场合或者与伙伴的互动中规范自己的行为 友谊：3 ~ 6 岁的孩子和伙伴的互动不再是平行的，而是真正进入了友谊的阶段。通过与伙伴的接触，他们学会了如何准确地交流，如何在被误解的时候说清事实经过，如何在游戏中轮流发言和玩耍，如何分享，如何发现和伙伴的共同点，如何化解与伙伴的矛盾，以及如何感受他人的感受、愿望和要求。但是这时候游戏的方式还是两人一组，即孩子很难处理两个人以上的关系，但又不知道该如何表达，所以经常会拒绝另一个孩子的加入，或被其他孩子拒绝

年龄	身体发展	语言发展	认知发展	社会情感发展
4~5岁	能以匍匐、膝盖悬空等方式钻爬；能单脚向前跳5米左右；可以和其他小朋友一起玩追逐、躲闪的游戏；可以连续自抛球和自接球；可以用笔沿着边线画出简单的图形；可以使用筷子；能用剪刀沿着直线剪出简单的图形	在集体活动中能够有意识地听出与自己有关的信息，比如老师要求把玩具放回原处等；能够听出不同的语气、语调所表达出的不同意思；愿意与他人交谈，喜欢谈论自己感兴趣的话题；能完整地讲述自己的所见所闻；听完故事后，能够讲出大概的内容；能一边看图画书，一边说出故事的情节，能体会出故事中的各种情感；愿意通过画画或符号来表达自己的愿望和想法	喜欢接触新事物，经常动手动脑摆弄物品和各种材料；能够感知和发现动物、植物生长的变化和基本条件；能够感知和发现简单的物理现象；能够感知和发现不同季节的特点；能够用形状来描绘周围的事物；能够画出或搭出不同的形状；能够理解上下、前后、里外、中间、旁边等方位词；知道物体的粗细、厚薄和轻重等方面的特点；能够通过数数比较两组物体的多少；通过实际操作理解5比4多1，2和3在一起是5等	家长小贴士：孩子在友谊阶段，家长要保证孩子与伙伴单独、自由相处的时间，要尊重孩子与伙伴的关系和感情；当看到自己的孩子拒绝其他孩子加入时，不要过于恼火和担心，这并不是孩子自私的表现，所以家长要帮助孩子度过这个发展阶段，可以让孩子感受被拒绝的滋味，然后帮助孩子正确地表达自己的想法；如果家长看到自己的孩子被拒绝，一定要同情他的感受，并和孩子一起想出解决问题的办法

年龄	身体发展	语言发展	认知发展	社会情感发展
5～6岁	可以在斜坡、荡桥上比较平稳地行走；能单脚向前跳8米左右；能连续跳绳；可以躲避其他小朋友扔过来的沙包或球；可以连续拍球	听不懂的时候能主动地提问；能够理解简单的因果或假设的句子，比如因为外面下雨了，我们不能出去玩了等；愿意与他人讨论问题，敢在众人面前说话；能有序、连贯、清楚地讲述一件事情；能够根据故事情节猜想后续发展，或自己编出故事情节；对于看过的图书或听过的故事，能够说出自己的看法	对一些自然现象会刨根问底，能够动手动脑自己寻找问题的答案；能够察觉到动物、植物的外形特征、习性和生存环境的适应关系；能探索常见的物理现象产生的原因，比如影子、沉浮；感知并了解季节变化的周期性和顺序；能够用一些基本的形状组合出物体的不同造型；能够看懂简单的指示图；能够识别自己的左右	幻想游戏：3～6岁的孩子很喜欢和伙伴一起玩过家家等幻想游戏，在角色扮演中，孩子们时常会穿插生活中的场景，释放了自己被压抑的情绪，提高了自己调节负面情绪的能力 恐惧感：3～6岁的孩子很容易产生恐惧感，他们有的因为生活中自己的无助而产生某种恐惧，经常会制造心中的"怪物"，有的因为看到图画书或动画片里被遗弃的故事而产生恐惧，有的对黑暗产生恐惧，有的对噩梦产生恐惧，甚至因为朋友、亲人或宠物的离去开始对死亡产生恐惧 家长小贴士：家长首先要认同孩子的恐惧感，并通过不同的途径了解孩子恐惧感产生的原因，通过鼓励和爱，帮助孩子正确面对恐惧感

续表

年龄	身体发展	语言发展	认知发展	社会情感发展
5～6岁	可以用笔画出简单的图形；可以熟练地使用筷子；可以用剪刀沿着曲线剪出图形	愿意用画画或符号来说事情或讲故事；可以写出自己的名字；写画时姿势正确	能够知道事物简单的排列规律，比如今天是星期四，明天是星期五等；能够通过实物的操作来进行10以内的加减；能够看懂简单的记录表、统计图等	说谎现象：儿童说谎是一个普遍的现象。特别是三四岁的孩子因为还无法区分现实和想象而导致的想象型说谎，有些孩子因为虚荣而说谎，有些孩子因为逃避指责、惩罚而说谎 家长小贴士：家长需要放宽心态，分析孩子说谎的原因，不要轻易把孩子说谎与道德联系在一起，并从自己身上找到解决孩子说谎问题的方法

（表格内容来源：《3～6岁儿童学习与发展指南》，教育部印发；《培养高情商的孩子》，作者：约翰·戈特曼）

儿童的成长规律表（学龄期 6 ~ 12 岁）

年龄	身体发展	语言发展	认知发展
6 ~ 12 岁	孩子的运动能力迅速发展，各种跑、踢、扔、平衡、跨越、单腿跳、双腿跳等动作都可以掌握，喜欢玩追逐、跑、跳的游戏 家长小贴士：这段时期孩子都比较喜欢运动，家长尽量给孩子提供户外运动的机会	阅读能力：很多研究证明，阅读能力的高低影响着其他学科的成绩。6 ~ 12 岁是孩子阅读能力迅速发展的时期。6 ~ 8 岁的孩子对阅读感兴趣，可以默读，并从看画阅读为主转为文字阅读为主；8 ~ 10 岁的孩子有良好的阅读习惯，可以理解阅读作品中的内容，初步感受语言的优美和作品中人物的喜怒哀乐；10 ~ 12 岁的孩子可以根据作品中的内容提出自己的想法，能够简单描述作品中印象最深的场景、人物或细节，能说出自己的感受等 家长小贴士：培养孩子喜爱阅读的态度是家长要努力的目标，首先了解孩子感兴趣的读物有哪些，陪孩子一起看，可以读给孩子听，也可以让孩子念给我们听，在阅读中共同发现有趣的问题，一起讨论；和孩子一起制订一个读书计划并相互监督，引导孩子把优美的词汇或句子抄在笔记本里	注意力：小学生的注意力比较弱，7 ~ 10 岁的孩子注意力在 20 分钟左右，10 ~ 12 岁的孩子注意力在 25 分钟左右 家长小贴士：不要对孩子的注意力提出过高的要求，甚至责骂孩子。尽量给孩子营造一个相对安静的学习环境，帮助孩子集中注意力 记忆力：与学前期孩子相比，此时的孩子记忆力会有较大的提高，可以记住大量的信息。随着年龄的不同，孩子所用的记忆方法也不同，比如 6 ~ 8 岁的孩子会经常使用复述的记忆方法，8 ~ 10 岁的孩子可以使用简单分类的方法来帮助记忆，10 ~ 12 岁的孩子在成人的引导下，可以通过联想的方法来进行记忆等

续表

年龄	身体发展	语言发展	认知发展
6～12岁	手眼的协调能力也迅速地提高，喜欢玩各种动手的小游戏或拆装各种物品等 家长小贴士：多和孩子玩家庭游戏，也可以把家中积攒的废弃纸箱等让孩子来自行动手创作自己喜欢的物品	在条件允许的前提下多给孩子买一些他们喜欢的读物作为礼物，或在家中建个读书角，摆放孩子喜欢的书，也可以经常带孩子去书店或鼓励孩子去图书馆借书看 表达能力：基本口语已经发展成熟，但是表达能力还在随着年龄的发展而发展，特别是6～8岁的孩子表达能力技巧比较简单，缺乏条理性 家长小贴士：和孩子说话时语速适中、语气温和；和孩子一起阅读，耐心地鼓励孩子说出自己的感受，对故事情节进行讨论等；日常生活中，多和孩子交谈，多给孩子提供主动表达自己感受或意愿的机会，能大胆地表达才能提高自己的表达能力	想象力：这个时期也是孩子想象力大爆发的时期，想象内容更丰富、更新颖；想象力丰富的孩子思维往往活跃 家长小贴士：要注重想象力的培养，鼓励和表扬孩子有不同的想法和意见，给孩子创造一个自由的空间；鼓励孩子自由画画和编故事；在安全的前提下鼓励孩子拆装物品等 学习动机：6～12岁孩子学习的动机主要来自家长或老师“要我学”，即来自外部的动机；可能到了10～12岁，孩子“我要学”的动机开始慢慢加强 家长小贴士：孩子的学习动机对孩子的学习成绩影响很大，家长可以通过合理的奖赏来调动孩子的外部学习动机，同时也要引导和激发孩子对学习的好奇心和兴趣，提高学习的内部动机

年龄	社会情感发展
6 ~ 12 岁	情绪的理解和表达：这个时期的孩子可以理解自己的很多情绪了，包括积极的情绪（比如开心、自信、自豪感、归属感或责任心等）和消极的情绪（比如伤心、愤怒、嫉妒），同时也能够正确理解别人的喜怒哀乐（对复杂的多种混合情绪的理解可能要等到 10 ~ 12 岁）；孩子表达自己情绪的能力也随着年龄的增长而提高，慢慢从“所有情绪都写在脸上”到在不同的场合能够控制自己的情绪；同时，孩子调节自己情绪的能力也在慢慢改变，从容易冲动、逃避等到找人倾诉、寻求解决问题的方法等 家长小贴士：一定要意识到孩子对情绪的理解和表达能力直接影响孩子的学习成绩和同伴交往能力；对孩子情绪的变化要敏感，用心去体会孩子真实的感受，接纳孩子的各种情绪，特别是负面情绪；经常搂搂抱抱自己的孩子，或发明一些其他与孩子身体接触的方式，这样可以激发孩子乐观、积极的情绪；我们需要找到好的方式抒发自己的情绪，给孩子做示范；经常与孩子进行“感情”的对话，比如在放学后、在饭桌上、在电话里、在睡前等，在理解孩子情绪状况的同时，也让孩子来理解我们的感受；教给孩子一些简单的表达情绪的方法，比如感到生气或伤心的时候可以找朋友倾诉或写下来，害怕的时候要找家长说出来等；可以在一起阅读的过程中，思考关于情绪的话题 同伴关系：孩子到 6 ~ 12 岁的时候，同伴的地位越来越突出，在与同伴交往的过程中能建立自信、归属感、责任感和忠诚感，愿意和朋友一起学习、玩耍和倾诉，相互提供情感支持。这段时期的孩子逐渐明白朋友是要相互帮助的，懂得了友谊的含义，慢慢有了固定的朋友和朋友圈，等到了 10 ~ 12 岁可以真正站在对方的角度去思考问题。一般来说，拥有外向性格、良好的举止或社交能力的孩子比较容易受到大家的欢迎和接纳

续表

年龄	社会情感发展
6 ~ 12 岁	家长小贴士：首先要随时了解孩子的交友情况，经常和孩子聊聊他们的同伴，无论是开心的还是不开心的事；引导孩子理解什么是真正的朋友，比如朋友要相互关心、帮助、不伤害对方等；培养孩子最基本的社交技巧，比如保持干净和养成良好的卫生习惯、保持乐观和微笑，树立信心、敢于表现自我等；当孩子与同伴发生矛盾时不要漠不关心，也不要过多介入，多听听孩子的想法，和孩子一起分析解决问题的方法；与孩子一起阅读，引导孩子站在主人公的位置上思考，培养孩子换位思考的能力等 师生关系：老师对这个阶段孩子的身心健康成长起着非常重要的作用，他们可能成为除了家长以外最重要的"亲人"。良好的师生关系能让孩子自信和坚强起来。师生关系随着孩子年龄的增长而微妙地变化着，比如，6 ~ 8 岁的孩子渴望得到老师的表扬、崇拜老师、什么都愿意和老师说；8 ~ 10 岁的孩子能够客观地评价老师，希望被尊重，开始对老师产生反抗心理；10 ~ 12 岁的孩子渴望与老师平等相处、渴望表达自己的想法，与老师的矛盾增加，对老师的不满情绪可能表现为不理不睬等 家长小贴士：一定要意识到自己对老师的态度直接影响师生关系，主动与老师沟通，无论是当面的还是在电话里，听取老师的意见，将沟通的内容（积极的部分）转述给孩子听，帮助孩子建立与老师的信任关系；教给孩子一些最基本的与老师交流的技巧，比如鼓励孩子多向老师请教问题，自己的想法如果不敢当面说，可以用写纸条的方式告诉老师等；当孩子与老师发生冲突时，一定要冷静，听听老师的说法，更要仔细聆听孩子的真实感受，找出背后真正的原因，梳理孩子的情绪后，再与孩子一起向老师道歉；因为老师对孩子的期望直接影响着孩子的学业，所以家长需要及时帮助孩子正确理解老师对自己的期望，有时候善意的谎言也是必要的 自信：这一时期，孩子的自信一般来自同伴、老师和家长的认可和表扬，或成绩名列前茅、各类活动表现突出、自己能够独立地完成某项任务，或来自外表。同伴、老师和家长的态度和评价，都会直接影响孩子的自信心

续表

年龄	社会情感发展
6 ~ 12岁	家长小贴士：细心观察自己的孩子，了解孩子对自己各个方面的评价；及时肯定孩子的能力、优点和进步；尊重孩子的想法和意愿，是建立孩子自信的基础；鼓励孩子多参加集体活动，多与伙伴交往；教给孩子一些增强自信的小技巧等 诚实：这段时期孩子说谎的主要原因包括想得到家长的奖励或逃避家长的惩罚，想得到同学的关注或家长的错误示范等；6 ~ 10 岁的孩子还不能区分有意的谎言和善意的谎言 家长小贴士：面对孩子的说谎问题，首先家长一定要冷静处理，打骂只会让孩子害怕从而陷入重复说谎的行为；要心平气和地听孩子怎么说，努力找到孩子说谎背后的原因，和孩子一起来解决问题；在孩子面前不要说谎；平时可以找一些有关诚实的故事和孩子一起读

（表格内容来源：《读懂孩子：心理学家实用教子宝典（6 ~ 12 岁）》，作者：边玉芳）

儿童的成长规律表（青春期 12 ~ 18 岁）

年龄	身体发展	社会情感发展
12 ~ 18 岁	青春期发育：是继婴儿期之后又一个生长发育最快的时期。性生理逐渐成熟，男孩的时间一般比女孩晚一些。男孩在青春期发育的顺序大概是睾丸、阴茎、阴毛、胡须、喉结、变声等，同时会出现遗精、对女孩感兴趣等正常的现象	情绪变动：青春期的孩子情绪波动大、善变是一个很突出的特点。首先，性生理的成熟引起激素水平的巨大变化，牵动着孩子的情绪，所以孩子比较容易冲动、脾气大；其次，因为大脑负责产生和调节情绪的部分也在迅速地发育，所以青春期的孩子情感更细腻，也更敏感，很容易出现情绪波动，加上管理情绪的大脑部分还没有发育成熟，所以还很难控制自己的情绪，特别是负面情绪；最后，这个时期的孩子在身体急速发育的同时，开始对自己的生活感到困惑、怀疑，不明白自己将要成为什么样的人等，也加剧了情绪问题 家长小贴士：一定要意识到这个时期孩子情绪的变动是和生理发育有很大关系的，不要片面地认为孩子不听话了、学坏了、太任性了等；当孩子出现负面情绪时，一定要控制好自己的情绪，不要与孩子“硬碰硬”，孩子能感受到自己的情绪被理解和接纳，就会冷静下来，慢慢地学会调整自己的情绪；同时教给孩子一些基本的调节情绪的好办法，比如找人倾诉，允许孩子大哭一场，带着孩子看书、运动等转移注意力；一旦控制不住与孩子发生冲突，冷静下来后与孩子谈谈，首先跟孩子道歉，说明自己发脾气的原因，询问孩子是否愿意讲出心情不好的原因（但不要期望孩子会做出任何反应），这样做都是在帮助孩子自省，同时通过示范告诉孩子如何控制自己的情绪

续表

年龄	身体发展	社会情感发展
12～18岁	家长小贴士：一定要意识到作为家长，对孩子进行性教育如同帮助孩子学会走路一样重要，不要寄托于学校而不闻不问；对男孩的性教育父亲要发挥主要作用，可以通过讲述自己的经历来帮助孩子做好心理准备；帮助孩子正确认识遗精和手淫的现象特别重要，因为孩子因此产生的焦虑不安、愧疚自责如果没有得到好的解释，会造成巨大心理压力，从而影响今后的生活；也可以提前准备几本好读的关于性教育的书，在让孩子自己看的同时，家长也要好好学习一下	逆反现象：青春期的逆反是一个普遍的现象！这个时期的逆反，就是孩子随着身体的最终发育成熟认为自己已经是个大人了，需要独立、需要被尊重，这是一种非常正常的心理发展过程。孩子开始思考自己是谁，发现自己曾经的想法不是自己的，是老师和家长的，希望拥有自己的思想，所以开始排斥来自老师和家长的声音等；孩子的逆反行为有时候是暴躁型的，比如和家长大吵等；有时候是沉默型的，比如不愿意和家长交谈，对家长的话没有反应等，或口头应付家长的要求但是仍按照自己的意愿行事等 家长小贴士：一定要意识到青春期逆反是一个正常的现象，把自己的心情放轻松，对自己和孩子要有信心；对孩子的控制只能加剧孩子的逆反，记住孩子需要的是独立和被尊重，所以要适当地放手，尊重孩子的想法和意愿是法宝。对暴躁型的孩子不能对着干，试图用平静的语气跟孩子商量；对沉默型的孩子除了尊重他们不想交谈的意愿外，还要抓住机会和孩子聊一些具体有趣的话题，想办法打开他们的话匣子；对口头应付的孩子要鼓励他们有自己的想法可以表达出来。尽量少说教、少唠叨，用转移注意力的方式调节自己的愤怒或伤感的心情；同孩子一起成长，孩子随着年龄的增长，获得信息和吸收新事物的能力越来越强，多向孩子请教一些问题，有助于家长以成人的方式来对待孩子，减少孩子的逆反心理，从而减少亲子冲突

年龄	身体发展	社会情感发展
12 ~ 18 岁	女孩进入青春期后，体型会突然发生变化，乳房的发育是青春期来临的最早标志，其次月经初潮表示她们开始走向性成熟，同时开始格外注意自己的外形，对男孩感兴趣等 家长小贴士：帮助孩子认识自己的乳房，陪孩子挑选合适的文胸；帮助孩子理解月经初潮，做好经期的准备；帮助孩子增强自我保护的意识，并且教给孩子一些具体的方法	同伴关系：对于这个时期的孩子来说，同伴的地位甚至超过了家长和老师。因为孩子要追求独立和被尊重，和同伴交往满足了这种需要，而且在交往过程中，孩子锻炼了自己的社会交往最基本的能力，即站在对方角度思考问题，学会理解他人等。孩子这时出现了极为亲密的伙伴，彼此之间多是情感的支持和无条件的互助；由于这个时期的孩子感情很细腻和敏感，同伴之间很容易因为一点儿小事而产生误解；因为渴望同伴的认可或支持，害怕受到排挤，这个时期的孩子会迫于压力，做出一些自己不愿意、不敢或不曾做的事情，这种同伴的压力可能是正能量的传递，也可能给孩子带来不好的影响 家长小贴士：一定要意识到孩子不再像以前那样依赖、崇拜我们了，这是个正常的现象；要学会转变自己的角色，和孩子像朋友一样交流，征求他们的意见和想法，认真听取和接纳他们的意见；多和孩子聊同伴的事情，和孩子分享我们在同伴交往中的喜怒哀乐，和孩子一起分析与同伴发生冲突的问题，一起讨论解决的方法等；要关注孩子在班级里的受欢迎程度，给予适当的支持，如果发现孩子经常被同学忽视或拒绝，家长不能视而不见，在分析具体情况后，教给孩子一些同伴交往的技巧，同时提高孩子在某个学科或活动中的成就，提高孩子的自信心等 师生关系：这个时期的孩子经常会讨论喜欢哪位老师、讨厌哪位老师，师生关系已经不再像小学那样亲密了。因为自我意识越来越强，孩子不希望老师像对待小孩子一样对待自己，随着他们思维能力和批判能力的提高，也不再盲目地崇拜老师，再加上心理比较敏感，所以很容易因为一点儿小事对老师产生抵触心理或跟老师发生冲突

年龄	身体发展	社会情感发展
12～18岁	大脑发育：虽然这一时期孩子的大脑重量已经接近成人，但是大脑还在发育，特别是负责思考和规划的大脑部分还没有发育成熟，负责产生和调节情绪的大脑部分迅速发育，所以这一时期的孩子自控力比较差，比较爱冒险，情绪波动更大 家长小贴士：做好安全防御教育，提醒孩子哪些是危险的行为和活动，在安全允许的范围内，适当地放手，让孩子自己拿主意、做决定	家长小贴士：意识到师生关系可以直接影响孩子的学习动力和学习成绩，所以平时要留心孩子对老师的评价，允许孩子对老师有不满的情绪和看法，积极倾听孩子为什么不喜欢某个老师，同时引导孩子以正确的尊重老师的方式表达自己的意见；主动与老师沟通，无论是当面还是在电话里，听取老师的意见，将沟通的内容（积极的部分）转述给孩子听，帮助孩子建立与老师的信任关系 学习压力：学习是这个时期孩子的主要压力来源，适度的学习压力可以变为孩子学习的动力，但如果压力超出孩子心理的承受范围，就会产生心理负担，出现沮丧、郁闷、焦虑、烦躁、自卑等一系列负面情绪。学习压力随着年龄的增加而增加，作业多、难度大，再加上青春期的孩子本身情绪波动大、自我评价低，更容易因为学习困难产生学习压力；如果家长的期望过高，当孩子遇到学习挫折时，因为担心家长的批评或责骂，所以会感到恐慌 家长小贴士：及时了解孩子学习压力的程度，对孩子因为学习出现情绪波动的情况要敏感；对孩子的学习成绩要有合理的预期，鼓励孩子自己和自己比较，只要自己超越了自己，就是最大的成功；帮助孩子找到导致学习挫折的原因，通过和孩子一起设定目标，来帮助孩子提高抗挫折的能力；如果发现孩子学习压力特别大，鼓励孩子通过一些方法释放出来，比如跑步、大声唱歌、找人倾诉等

（表格内容来源：《读懂孩子：心理学家实用教子宝典（12～18岁）》，作者：边玉芳；《青少年心理学》，作者：劳伦斯·斯坦伯格）

第四单元

亲子沟通有方法

本单元内容介绍

知识要点

亲子沟通是构建家长跟孩子之间亲密关系的桥梁，它是一种双向的、有意识的交流方式，通过言语和非言语的沟通表达，帮助父母和孩子之间增进彼此之间的理解、尊重和支持。

良好的亲子沟通对孩子和家庭都有益。积极的亲子交流能为孩子提供安全、温暖和包容的环境，让孩子感到被理解和接受，能促进孩子自尊和安全感的培养；亲子沟通还能促进孩子的心理和情感发展，通过表达情绪、分享感受和倾听，孩子学会理解和表达自己的情绪，理解他人的情绪，并学会适当地处理情绪和冲突。良好的亲子沟通还有助于孩子社交能力的发展。通过与父母的互动，孩子会学习怎样跟他人有效沟通、倾听和合作，这对于建立健康的人际关系至关重要。对家庭而言，良好的亲子沟通还可以增强亲子之间的情感联系，有助于增强家庭的凝聚力。

不当的亲子沟通方式可能对孩子的情绪和行为产生负面影响。缺乏有效的沟通技巧可能导致误解、冲突和情感隔阂，孩子可能会感到被忽视或不被理解。父母缺乏情感的表达和支持可能使孩子感到无助和沮丧，无法有效地处理自己的情绪和压力。有时，不良的亲子沟通可能直接导致孩子的情绪和行为问题，如焦虑、抑郁、愤怒、攻击性行为等。因此，学习良好的亲子沟通技巧对于建立积极的家庭环境和促进孩子的健康发展至关重要。

亲子沟通要用适合孩子年龄和特点的方式，下面是一些沟通小技巧。

倾听和表达：与孩子进行平等的对话，给他们充分表达的机会，认真倾听。例如，当孩子在分享他们的一天时，家长可以停下手中的事情，与孩子进行眼神交流，表达出真正的兴趣。

使用肯定的语言：鼓励和肯定孩子的努力和成就，而不是只关注他们的错误或缺点。例如，当孩子画完一幅画时，家长可以用肯定的语言表示赞赏，如："我看到你画得特别认真，这幅画的色彩真美！"

使用非指责性语言：在表达关切、规则或期望时，尽量避免指责性的语言。相反，使用描述性语言表达自己的感受和期望，以避免孩子感到攻击或抵触。例如，用"我觉得……"或"我希望你能……"来表达自己的想法。

接纳情绪和共情：鼓励孩子表达情绪，并给予理解和共情。家长可以问孩子关于他们情绪的问题，如"你今天感觉怎么样？"或"我能看出来你很生气"，倾听并回应他们的感受。

注意身体语言：除了言语沟通，注意孩子的身体语言和其他非言语信号。这有助于家长更好地理解孩子的情感状态和需要，例如，握紧的拳头可能表示孩子处于紧张或愤怒状态。

建立日常沟通的机会：在日常生活中多交流，如一起吃晚饭、一起做家务或去公园散步。这些亲子时光为家长和孩子提供了交流的机会，让他们可以分享彼此的想法、感受和经历。

这些亲子沟通的小技巧可以帮助家长与孩子之间建立更加积极和有效的沟通，增进彼此之间的理解和联系。通过不断地练习，可以逐步改善亲子沟通的质量，营造一个充满爱、尊重和支持的家庭氛围，促进孩子的健康成长和发展。

活动时长	60 ～ 90 分钟
目标	1. 了解亲子沟通的技巧 2. 练习使用具体的亲子沟通技巧
参与人数	15 ～ 20 人
活动方式	小组讨论、角色扮演、大组分享

活动步骤

环节	建议用时	活动用具
欢迎活动	10 分钟	
引入活动	15 分钟	白板、大白纸、白板笔
主体活动一	25 分钟	大白纸、白板笔
主体活动二	15 分钟	
总结	5 分钟	
分享收获与布置作业	10 分钟	

欢迎

欢迎大家参加今天的活动。

邀请参加上次活动的家长分享回家后的练习，有什么感受或体会；带大家一起做简单的热身活动。

回顾并引入本单元内容

协助者：上一次活动，我们一起学习了孩子在不同发展阶段的特点和规律，这可以帮助我们更好地理解孩子出现的某些行为和心理变化，及时调整我们的心理预期和育儿方法。今天，我们一起来聊聊育儿中常会遇到的亲子沟通话题。

注：回顾内容请根据实际情况调整。

讨论环节

协助者：经常听有些家长说，“真不知道该怎么跟孩子沟通，说多了嫌我烦，不说又不行”，或“孩子不愿意和我说话”等。其实，沟通需要技巧。接下来，我们就来了解一下怎么说孩子才愿意听，怎么听孩子才愿意说。

引入活动：平时沟通都会用到哪些方法？

目标：引导家长思考平时都用什么样的方式跟孩子沟通

讨论方式：小组讨论

活动步骤：

1. 按人数分成 3 ~ 4 个小组，每组 4 ~ 5 人。

2. 让每组自由讨论，共同选定一个组名、一句口号，并把组名写或画在大白纸上。

3. 每组轮流介绍组名，并分享在讨论的过程中，大家都用了哪些沟通方式。

4. 总结各组分享的要点，并写在白板上，参考本单元附件一进行补充。

◇ 全神贯注地听；

◇ 尊重每个人的想法和感受；

◇ 尽量不打断对方说话；

◇ 用简单的词语来回应或邀请对方继续说；

◇ 用身体语言来回应对方；

◇ 避免批评、说教或直接给出建议等。

总结提示：

协助者：大家刚才分享的沟通方法，其实也是我们日常跟孩子沟通时会用到的，比如，平等地对话，给孩子充分的倾听和表达的机会；使用肯定的语言，鼓励和肯定孩子的努力和成就，而不仅仅关注他们的错误或缺点。以及除了言语沟通，注意孩子的身体语言和其他非言语信号，有助于我们更好地理解孩子的心理状态和需要，例如，握紧的拳头可能表示紧张或愤怒。这些沟通技巧有的大家平时在用，有些可能不是很熟悉，接下来我们就来练习怎样使用这些技巧。

主体活动一：在跟孩子沟通时，怎样去使用这些沟通技巧呢？

目标：练习使用亲子沟通技巧

讨论方式：小组讨论、角色扮演

活动步骤：

1. 介绍并用大白纸展示以下情景：

孩子爱玩手机，是现代很多家庭普遍存在的问题，家长担心影响孩子学习和健康，也担心孩子在手机上接触不良信息，但往往说了也没有用，有时还引发亲子矛盾甚至是双方冲突，这令很多家长非常苦恼。

2. 问问大家：就这种情况，尝试过与孩子沟通协商相应约定的家长请举手，协商成功的家长请举手，分别邀请一名跟孩子成功沟通协商用手机的家长和一名协商没成功的家长作简单分享。

3. 小组先讨论：针对以上场景，你认为家长应该怎样跟孩子沟通协商？提醒大家要练习用到刚才总结的沟通技巧。

4. 请各组派两名代表，分别扮演家长和孩子，表演本组讨论的沟通过程（如果时间有限，可以只邀请一两组表演）。每组表演完后，请其他组成员说一说都用到了哪些好的沟通技巧。

5. 总结概括各组的表演，可以在以下方面进行补充：

◇ 建立和孩子平等沟通的氛围；

◇ 带着好奇了解孩子用手机都做些什么；

◇ 邀请孩子一起思考解决问题的方式；

◇ 根据孩子年龄段，约定网络使用时间；

◇ 提醒孩子要注意网络安全；

◇ 以身作则少玩手机，陪孩子时放下手机；

◇ 跟孩子一起读书、玩、运动，增加有质量的亲子时间；

◇ 鼓励孩子多和同龄人一起进行户外活动。

活动提示

提醒大家要先充分讨论，再表演。有时大家会被角色扮演的气氛所吸引，而忽略了表演的主要内容需要呈现怎样使用亲子沟通的方法。如果有的家长在讨论和角色扮演过程中，提到用体罚或其他形式的暴力管教方式，协助者需要明确强调，暴力管教会对孩子造成深远的负面影响，不可以用这样的管教方式。

总结提示：

协助者：谢谢大家的分享和表演！非常精彩！刚才大家提到了一些好的亲子沟通技巧，可能有些家长在育儿过程中就是这么做的，也可能有些家长还不太熟悉，希望大家回去能多练习这些方法，跟孩子建立良好的亲子关系。

另外，在亲子沟通的过程中，还要注意及时给予孩子肯定和认同，尤其是孩子付出努力的过程，增强孩子的内在勇气。

主体活动二：在亲子沟通中，怎样给予孩子肯定和认可呢？

目标：掌握给予孩子肯定和认可的方法

讨论方式：大组分享

活动步骤：

1. 问问大家，在日常沟通中，你是怎样给予孩子肯定和认可的呢？

2. 请几名家长分享一下他们平时的做法，问问大家，还有没有别的好的做法。

3. 结合本单元附件二，总结大家的分享要点。

总结提示：

协助者：谢谢大家的分享。我们对孩子的肯定和认可要具体，不是泛泛地说，特别是对孩子所付出的努力、孩子的感受，以及孩子的道德责任感、独立性等给予肯定。通过不断地练习，家长可以逐步改善亲子沟通的质量，营造一个充满爱、尊重和支持的家庭氛围，促进孩子的健康成长和发展。

总结

协助者：感谢大家的参与和分享！希望通过今天的讨论，大家能意识到积极的亲子沟通是帮孩子管理情绪和行为的前提，也对孩子的发展有着重要影响。今天介绍的这些亲子沟通的小技巧，希望可以帮助大家与孩子之间建立更加积极有效的沟通，增进彼此之间的理解和联系。建议大家在日常生活中创造更多与孩子交流的机会，如一起吃晚饭、一起做家务或去公园散步。这些亲子时光可以让亲子之间更多地去分享彼此的想法、感受和经历。下次活动，我们将一起探讨怎样通过跟孩子一起制定规则来管理行为。

分享收获与布置作业

协助者：感谢大家的参与！

在活动结束之前，请每个人用一两个词或一句话分享一下自己的收获或者感受，可以轮流发言，也可以随机分享，直到每个人都分享完毕。协助者可以先分享做示范，也可以最后分享作为收尾。

课后作业：

我们今天学习了如何与孩子沟通，接下来一周我们的小任务就是练习与孩子沟通。请大家试着用今天学习的技巧跟孩子进行沟通，下次活动我们来分享感受。

附件一

亲子沟通技巧

让孩子感觉到家长是全身心和自己在一起的——

家长要调整好自己的情绪和状态，确定自己是全身心地跟孩子在一起的，言行表达出自己愿意关注到孩子的感受和需求，这样孩子才愿意跟家长进行联结与沟通。

跟孩子目光接触，眼神既友好又坚定——

孩子从家长的眼神中能够感受到被拒绝还是被接受。

全神贯注地听——

对孩子要讲的事件表示有兴趣，当孩子开始说时，家长要认真倾听，表示尊重和接纳（孩子的情绪和感受）。如果家长实在没有时间立刻跟孩子沟通，要说明原因，并和孩子约定好再谈的时间。

帮孩子表达感受、说出自己的感受——

孩子希望自己的情绪能够被家长理解和认同。所以，在亲子沟通的时候，家长要去觉察孩子的情绪，并帮孩子表达情绪，跟孩子共情。这样做，家长也在给孩子示范如何通过语言表达来调节自己的情绪。比如，“听起来你很不开心，是吗？”“我听到了你很生气。”“你感到害怕，不知道该怎么做，是吗？”等；同时，家长也可以说出自己的感受，让孩子学会理解别人的感受，比如“我看到你很伤心 / 难过 / 愤怒，我很伤心 / 难过 / 担心……”

用简单的词语来回应或邀请孩子继续说——

有一些简单的词语可以邀请孩子继续，比如，“哦”“是吗？”“真的？”“你真这么做了啊！”“给我讲讲”“我想听听”“我想知道你的想法”“你想谈谈这件事吗？”等。

尽量不要打断孩子说话——

孩子讲述的过程也是在自己梳理思路和逻辑化的过程，不要急于打断。

适当的时候，通过提供选择或提问的方式来一起解决问题——

批评、说教或直接给出建议等说话的方式，会让孩子的话匣子刚刚打开就马上关掉，也错失了孩子自己思考解决问题的机会。在孩子情绪稳定或者孩子主动发出邀请的时候，家长可以给孩子提供一些选择，让他们自己做出决定，或通过提问鼓励孩子自己去思考并找到问题的答案，同时询问孩子是否需要家长的帮助。

（参考：《如何说孩子才会听　怎么听孩子才肯说》作者：阿黛尔·法伯等，《正面管教》作者：简·尼尔森，《父母效能训练手册》作者：托马斯·戈登）

附件二

肯定、认同的技巧

家长如何肯定、认同	肯定、认同的技巧
注意事项： （1）无论孩子有怎样的行为，孩子本身都需要家长的肯定和认同 （2）在日常生活中，家长要及时肯定孩子的努力，尤其是孩子付出努力的过程，增强孩子的内在勇气 （3）认同孩子的感受 （4）肯定孩子的独立、品德、责任感等	注意事项： （1）肯定、认同不是表扬，表扬可能会造成孩子过分追求表扬，肯定、认同更多强调培养孩子的内在勇气和持续性行为 （2）肯定、认同要具体 （3）家长肯定、认同孩子，一定要真诚 （4）要及时，否则就错过了强化好行为的最佳时机 （5）尽量不要反复、重复 （6）尽量不用物质奖励

家长如何肯定、认同	肯定、认同的技巧
值得被肯定、认同的行为： ★ 诚实 ★ 帮家长、兄弟姐妹、同学或邻居做事情 ★ 敢于承认自己做错的事情 ★ 懂礼貌 ★ 主动做家务 ★ 按时完成作业 ★ 按时上床睡觉 ★ 通过自己的努力完成一件事或解决了某些问题，比如，自己叠被子、解决了和同学的矛盾等 ★ 能控制自己按规定时间看电视或上网 ★ 注意自己的健康和卫生 ★ 愿意和家长分享学校里发生的事情 ★ 心情不好的时候愿意主动和家长谈谈	肯定、认同的话： ★ 我看见你帮弟弟把衣服穿上了！ ★ 今天你自己积极主动地把作业完成了，真棒！ ★ 这个主意真不错！ ★ 你能在规定的时间内主动关掉电视，这点很棒！ ★ 你主动向妹妹承认错误，妈妈觉得你真了不起！ ★ 你自己把玩具放回到原来的地方了？你做得很好！ ★ 这次数学没及格，我看到你很难过，你想出去走走吗？ ★ 谢谢你跟我分享你在学校不开心的事，我也觉得这些事情是会让人不开心的，你想做点儿什么，让自己感觉好起来吗？

第五单元

制定规则有意义

本单元内容介绍

知识要点

一说到家庭规则，有些家长可能会担心，用过多的规矩来约束孩子，会不会限制他们的发展？尤其在现代家庭，大家都强调要给孩子自由空间，总谈规则，孩子会不会有一种被压抑的感觉？

事实上，适当的规则会带给孩子安全感。因为生活在一个有规则、有秩序的家庭和社会里，人们会感觉到安全。规则对孩子来说更多的是一个生活指南，让他（她）知道哪些事情可以做，哪些事情不可以做，以及事情做了之后会产生什么样的结果。当孩子有这样一个很清晰的概念时，他（她）对可以做什么事情以及怎样做，都会有一定的预期，而不是在每个行为实施之后，依靠家长的反应来了解对错。

这也是为什么规则对孩子来说是有益的。是否出现束缚或者压抑的问题，主要取决于家庭里怎样去制定以及执行规则。在有关规则的沟通和制定过程中，要给孩子主动权，把他们的主动性调动起来。主动性是儿童发展一个非常重要的方面。希望每个孩子都能够自我管理，自己的事情自己做，主动去处理事情，这是我们养育孩子的一个重要目标。

美国发展心理学家戴安娜·鲍姆林德（Diana Baumrind）指出，给孩子规定行为的界限是有必要的，但是家长需耐心地给孩子解释这些规则，并且灵活实施规则，让孩子体会到家长的尊重与支持。

大量研究表明，能够灵活运用规则来实施养育的父母，更能培养出乐于跟他人合作、自立自强、有活力和有进取心的孩子，这些孩子更有责任感、道德感和不断成功的能力。为了让规则更好地执行，在制定规则时，要包括以下几个要素：

第一，清楚解释为什么要制定规则，让孩子体会到规则的必要性；

第二，规则要简单明了，不能模糊不清，让孩子明白什么行为是不被允许的；

第三，邀请孩子一起参与，发挥孩子的主动性；

第四，让孩子知道不遵守规则要承担的后果。

规则可能会被打破，这很正常。一是因为习惯的养成需要时间和练习，二是如果规则一直不能很好地执行，说明需要调整，重新找到解决办法。家庭规则就像家长和孩子之间的一个“协议”，在帮助孩子遵守规则的同时，家长自己也要坚持一些原则，比如：

◇ 执行规则要坚定。当孩子没有遵守规则的时候，父母的态度要坚定。否则，孩子会觉得遵守不遵守规则都无所谓，规则也就自动失效。

◇ 父母态度要一致。当孩子没有遵守规则的时候，家长之间要达成一致，让孩子意识到规则的严肃性。否则，孩子很容易“利用”一方家长的支持，而对定下的规则产生抵抗情绪。

◇ 孩子要自己承担后果。当孩子没有遵守规则时，家长可以让孩子承担事先定好的自然后果。家长要学会做到友善而坚定，既能够表达出对孩子行为或情绪的理解，不损伤孩子的自尊心，又能很坚定地让孩子承担后果，让孩子在家长的关爱中学会担当。

◇ 允许孩子有一个慢慢学会自我管理的过程。孩子需要去练习遵守每一个规则，在这期间，建议家长不要去做太多的即时干涉，因为太快干预会剥夺孩子学习的机会。

活动时长	60 ～ 90 分钟
目标	1. 认识到跟孩子一起制定规则的重要性 2. 了解和练习制定规则的技巧
参与人数	15 ～ 20 人
活动方式	大组分享、小组讨论、角色扮演

活动步骤

环节	建议用时	活动用具
欢迎活动	10 分钟	
引入活动	10 分钟	大白纸、白板笔
主体活动一	25 分钟	大白纸、白板笔、水彩笔
主体活动二	20 分钟	大白纸、白板笔
总结	5 分钟	
分享收获与布置作业	10 分钟	

欢迎

欢迎大家参加今天的活动。

邀请参加上次活动的家长分享回家后的练习，有什么感受或体会；带大家一起做简单的热身活动。

回顾并引入本单元内容

协助者：俗话说，“没有规矩，不成方圆”。一般而言，每个家庭都会设立一些明确的规范，例如与人交流时的基本回应、用餐时的礼仪准则等。在与孩子的相处中，也涉及很多需要建立规则的范围，比如写作业、运动、家务劳动等每天的常规活动，以及适当的休闲娱乐，比如看电视和用手机的时间安排等。这些规则的存在，不仅能够帮助孩子养成好的行为习惯，还能让家庭成员在日常生活中形成一种默契和秩序感。今天，我们就来聊聊怎样跟孩子一起制定规则。

注：回顾内容请根据实际情况调整。

讨论环节

引入活动：首先，大家来回忆一下，小时候家里有什么样的规则到现在还一直影响着我们？

目标：感受规则对我们的影响

讨论方式：大组分享

活动步骤：

1. 请几名家长分享。

2. 请参照本单元附件一，总结家长们的分享要点，并将其整理在白板纸上。例如，规则有助于我们培养自律性、良好的生活习惯以及优秀的社交技能，这些要点可能至今仍影响着我们为子女制定规则的方式。

3. 解释说明规则会带来约束（例如，我们在活动开始时制定的小组规则，大家可能会感觉受到约束），但也会带来安全感。

总结提示：

协助者：谢谢大家的分享！适当的规则会带给孩子更多的安全感，让孩子知道哪些事情是可以做的，哪些是不可以做的，以及事情做了之后会产生什么样的结果。那如何制定一个“好”的规则呢？有一个重要原则，就是亲子共同参与，也就是说规则的制定需要建立在家长与孩子的充分讨论并达成共识这个基础之上，这样孩子就会更愿意去遵守。儿童对与自己相关的事务发表意见不仅是儿童的基本权利，同时也是促进自身发展的一个非常重要的方面。下面我们来练习如何跟孩子一起制定规则。

主体活动一：怎样与孩子一起制定规则？

目标：练习与孩子一起制定规则的方法和技巧

讨论方式：小组讨论、角色扮演

活动步骤：

1. 将家长按照孩子的年龄（或其他分组方法）分组，将本单元附件二中的情景纸条分别发给大家，每组讨论一个案例。

2. 各组先分别讨论情景中的家长和孩子可以怎样一起制定规则，讨论完成后再选出代表，扮演家长和孩子，也可以增加其他家庭成员的角色（如果大家不知道怎么讨论，可以先把本单元附件三的例子分享出来）。

3. 邀请几组家长把规则制定的过程表演出来（第一次尝试角色扮演的家长可能会有点儿害羞，可以选有经验的或者愿意主动尝试的家长）。

4. 各组表演完毕后，问问大家，这组用到了哪些好的制定规则的方法，把要点写在白板上，可以补充以下几点：

第一，清楚解释为什么要制定规则，让孩子体会到规则的必要性；

第二，规则要简单明了，不能模糊不清，让孩子明确什么行为是不被允许的；

第三，邀请孩子一起参与讨论，发挥孩子的主动性；

第四，让孩子清楚地了解不遵守规则要承担的后果。

活动提示

要说明这几个情景（发脾气、写作业拖延、玩手机）除了跟家庭规则有关，还关系到育儿的其他方面，如情绪管理和跟孩子建立情感联结。在之后的活动中，我们会继续讨论如何解决这类问题。

总结提示：

协助者：谢谢大家的表演和分享！从刚才的分享中可以看出，规则不是一成不变的，要随着孩子的年龄和具体情况做出调整，比如青春期的孩子，认知和行为特点更接近成年人，因此制定规则时需要更充分的讨论，而不是下指令，要将更多的主动权留给孩子。另外，在培养孩子规则意识的初期，不要制定太多规则，可以从孩子最容易遵守的事情做起，等孩子渐渐习惯之后，再逐渐加入新的规则，就像一个不断完善的实验，逐步走入正轨。

协助者可以这样过渡：在建立好规则之后，很多时候家长会发现让孩子遵守规则很难。尤其在规则制定的初期，孩子总会想方设法来打破这些规则，即使这是你们共同制定的。比如，某一天由于特殊事情耽误了写作业，但由于不能晚睡，家长就允许当天不做作业了，第二天也不用补上。那孩子第二天可能就会故意拖到很晚，或者创造出类似的理由，认为这样就可以不做作业了。很多时候，规则就是因为这些原因而无法执行。接下来，我们来讨论一下怎样帮孩子遵守规则。

主体活动二：你是怎样帮孩子遵守规则的？

目标：了解怎样帮孩子遵守规则

讨论方式：小组讨论

活动步骤：

1. 小组讨论，然后每组选一个代表与大组分享。
2. 总结各组的分享要点，可以补充以下几点：

◇ 执行规则要坚定；

◇ 父母态度要一致；

◇ 孩子要自己承担后果；

◇ 允许孩子有一个慢慢学会自我管理的过程。

总结提示：

协助者：孩子常常会打破规则，这很正常。一是因为习惯的养成需要时间和练习，二是如果规则一直不能很好地执行，就说明规则需要调整，重新和孩子一起找到解决办法。可以在一天结束之后，和孩子一起回顾一下规则执行过程中做得好与不好的地方，未来还可以怎样改进。要多鼓励孩子思考和表达，家长的角色是支持和建议，而不是直接告诉他应该怎样做，这是一个特别重要的原则。

此外，还有一点很重要，就是要让孩子意识到规则与后果的关系。不管是什么原因打破了规则，都要承担相应的后果，包括自然后果，也包括规则约定的惩罚。比如，没有完成作业的自然后果可能是被老师批评，规则里面也可能会包含类似"未完成作业则本周不许看电视"的约定，这些都是孩子必须承担的。家长作为监督一方，同样不能随意打破这些规则。当然，惩罚措施同样不能是暴力方式的。

总结

协助者：谢谢大家今天的讨论！没有任何一个育儿方法是立竿见影的，规则的执行同样如此。不要期待孩子可以又快又好地学会遵守规则，要给孩子时间去学习、去适应。建议大家不要把家庭规则当成一个大任务，从小事做起，逐渐培养孩子自我管理的能力。

分享收获与布置作业

协助者：感谢大家的参与！

在活动结束之前，请每个人用一两个词或一句话分享一下自己的收获或者感受，可以轮流发言，也可以随机分享，直到每个人都分享完毕。协助者可以先分享做示范，也可以最后分享作为收尾。

课后作业：

接下来一周的小任务就是请大家根据日常生活的需要，试着用今天学习的内容跟孩子一起制定规则并监督执行，下次活动我们来分享大家的体验与感受。

附件一

规则的影响

规则（根据孩子年龄调整）	对孩子的影响
饭前要洗手	良好的卫生习惯
晚上 8:00 完成作业，9:00 上床睡觉	良好的学习、生活习惯
做完作业把书桌整理干净； 把书包装好，确保带齐第二天要用的书和学习用品	良好的学习、生活习惯
家里来客人要主动问好	有礼貌、良好的社交能力
生气的时候可以回房间独自待一会儿，但不可以伤害自己和他人，也不可以破坏环境	提高情绪管理能力
去同学家玩或晚回家，必须提前告知家长，得到家长许可	安全意识，自我保护
在处理和他人之间的矛盾时，如果遇到困难要及时和家长说，一起想办法	安全感 良好的社交能力
周一到周五写完作业，可以看半小时电视 / 手机；周六、周日可以看一小时电视 / 手机	时间管理和自我管理能力

附件二

角色扮演

情景一：

8 岁的多多特别贪玩，有几次玩到忘了时间，天黑才回家，甚至错过了吃饭的时间，爸爸妈妈很担心。

情景二：

小丽 10 岁，每天写作业都边写边玩，总是写到很晚才睡觉，第二天早上上学起床很困难。

情景三：

小武 13 岁，沉迷于手机游戏，每天都要玩几个小时，其他什么事都不想做，作业也写不完。

附件三

与孩子一起制定规则的方法

案例：

慧慧 6 岁，为了培养慧慧早睡的好习惯，妈妈想跟她一起制定一个规则。

妈妈：慧慧，你现在总是晚上 11 点才上床睡觉，睡这么晚会影响你的健康，第二天上学也会没有精力。而且，妈妈每天晚上陪你到这么晚，也很累呀。我们以后每天 9 点半就上床睡觉，可以吗？

慧慧：可是我不想睡！

妈妈：妈妈知道慧慧想多玩，要不这样，你想在睡觉之前做哪些事情？我们把这些事情都做完了就一起睡觉，好不好？

慧慧：那我想看动画片！

妈妈：好，我们可以看一会儿动画片。还有吗？

慧慧：还有喝牛奶！

妈妈：好，喝一盒牛奶！现在妈妈画一个电视，我们晚上可以看 20 分钟电视；再画一盒牛奶，我们一起喝牛奶；再画一个水杯，一起漱口刷牙；妈妈再画一本书，我们一起看书；最后，画一个枕头，9 点半，妈妈和慧慧准时一起睡觉，这样可以吗？

慧慧：可以，如果慧慧天天早睡，妈妈周六的时候带我去公园玩，可以吗？

妈妈：好啊，如果慧慧不能早睡呢？

慧慧：如果不能早睡，第二天晚上我就不可以看动画片，这样可以吗？

妈妈：好，一言为定，我们一起加油哦！

制定规则的原则分析：

第一，清楚解释为什么要制定这个规则，让孩子体会到制定规则的必要性。

“慧慧，你现在总是晚上 11 点才上床睡觉，睡这么晚会影响你的健康，第二天上学也会没有精力。而且，妈妈每天晚上陪你到这么晚，也很累呀。”

第二，规则要简单明了，不能模糊不清，让孩子清楚地认识到什么行为是不允许的。

“我们以后每天 9 点半就上床睡觉。”

第三，邀请孩子一起参与，发挥孩子的主动性。

“要不这样，你想在睡觉之前做哪些事情？我们把这些事情都做完了就一起睡觉，好不好？”

第四，确定孩子知道不遵守规则要承担的后果。

“如果不能早睡，第二天晚上我就不可以看动画片。”

第六单元

情感联结很重要

本单元内容介绍

知识要点

情感联结是指亲子之间建立起深厚、积极且相互理解的情感纽带。它建立在彼此互动、共享和情感交流的基础上，是一种温暖、亲密和有益的关系。亲子之间的初接触通常是通过亲密的身体感知，例如皮肤接触、拥抱和亲吻。这种亲密的身体接触可以帮助孩子建立对父母的信任和安全感。父母和婴儿之间进行持续的眼神接触，或用温暖、安抚和关爱的声音与婴儿进行交流，或与婴儿共享喜悦、关注其情感表达并积极回应，都可以加强彼此之间的情感纽带。

随着孩子的成长，这种情感联结通过持续的亲子互动和情感交流而不断发展和加强。情感联结让亲子之间的亲密感更强，加深彼此的信任、依赖和依恋。这种亲密关系使得孩子感受到被爱和重视，同时也促使父母能够更好地理解孩子的需求和情感。

一个稳定、支持和温暖的情感环境有助于孩子建立积极的自我认同，增强情绪调节能力，并减少抑郁和焦虑等负面情绪的出现。孩子通过与父母建立良好的情感联结，学会表达情感、理解他人的情感，并建立积极的人际关系。情感联结还有助于孩子的学习和发展，当孩子与父母建立紧密的情感联系时，他们更容易接受父母的指导和教育，更积极地参与学习活动，并在认知、情绪和社会发展方面取得更好的进步。

相反，缺乏情感联结的孩子可能会感到孤独和无助，因为缺乏安全感和情感支持而导致情绪不稳定、易怒或抑郁等情绪问题，以及攻击性、挑战性或其他行为问题的出现。

情感联结越早建立越好，但即使孩子已经大一些，仍然可以持续发展或一定程度上地弥补。同时，也并不是只有面对面的互动才能促进亲子情感联结的发展，如父母在外务工，依然可以通过电话、视频等方式与孩子建立和保持情感联结。

此外，情绪辅导作为建立情感联结的一种有效方法，可以帮助孩子认识、理解和调节情绪，同时促进父母和孩子之间的情感交流。特别是父母的共情能力，即与孩子建立一条感情的通道，在促进孩子社会情感健康发展中起着决定性的作用。它就像一把钥匙，可以帮助父母打开通往孩子内心世界的那扇大门。共情，亦即同理心，是指父母的理解和支持被孩子所感知，从而赢得孩子的信任，并帮助他们恢复到平和的情绪状态。

美国著名心理学家约翰·戈特曼（John Gottman）提出了实现父母与孩子共情的五个步骤：

第一，觉察到孩子的情绪；

第二，认同孩子的情绪（认同和理解孩子的情绪，与孩子分享自己的情绪经历，让孩子知道他们不是独自面对情绪的，通过共情和理解孩子的情绪，传递对他们的支持和关怀）；

第三，帮助孩子表达情绪（教孩子识别情绪，并鼓励他们以适当的方式表达情绪，如通过言语、绘画、写作或身体表达等方式）；

第四，安抚情绪（引导孩子学习适当的情绪调节技巧，如深呼吸、放松练习等）；

第五，认知重评（一起处理情绪困扰或挑战，寻找解决问题的方案）。

通过这几个步骤，父母能够与孩子建立情感联结，并帮助他们更好地理解和管理自己的情绪。这种情感联结有助于加强亲子关系，促进孩子的情感发展和心理健康。

活动时长	60 ~ 90 分钟
目标	1. 帮助家长理解自己和孩子的情绪 2. 促进家长与孩子的情感联结
参与人数	15 ~ 20 人
活动方式	大组分享、两人一组演练、小组讨论、角色扮演

活动步骤

环节	建议用时	活动用具
欢迎活动	10 分钟	
引入活动	10 分钟	
主体活动一	20 分钟	任务纸条
主体活动二	25 分钟	大白纸、白板笔
总结	5 分钟	
分享收获与布置作业	10 分钟	

欢迎

欢迎大家参加今天的活动。

邀请上次参加活动的家长分享回家后的练习，有什么感受或体会；带大家一起做简单的热身活动。

回顾并引入本单元内容

协助者：今天我们要开启一个新的话题，聊聊怎样跟孩子建立情感联结。大家还记得自己第一次感觉跟孩子特别亲近是什么时候吗？

邀请几名家长分享，协助者可以先举例（第一次看见孩子冲自己笑的时候、第一次抱孩子的时候等）。告诉大家，这种与孩子特别亲近的感觉就是情感联结的表现。

引入活动：你最近一次感受到跟孩子有情感联结是什么时候？

目标：体会亲子之间情感联结的感受

讨论方式：大组分享

活动步骤：

1. 让大家回想一下，自己最近一次感受到跟孩子情感联结是什么时候。
2. 邀请家长分享（尽量每个人都分享到）。

总结提示：

协助者：谢谢大家的分享！我们刚才听到了大家跟不同年龄的孩子感受到情感联结的时刻，非常温暖有爱。情感联结让亲子之间建立起亲密感，彼此能够信任和依赖。这种亲密关系使得孩子感受到被爱和被重视，同时也使父母能够更好地理解孩子的需求和情感。情感联结还有助于孩子建立积极的自我认同，能增强他们的情绪调节能力，减少焦虑和抑郁。孩子通过与父母建立良好的情感联结，学会表达情绪、理解他人的情绪，并建立积极的人际关系。要跟孩子建立情感联结，非常重要的一点是家长对孩子情绪的回应。接下来，我们先来体验一下情绪对我们的影响。

讨论环节

主体活动一：不同的回应方式会对情绪产生哪些影响？

目标：体验不同的回应方式对情绪的影响

讨论方式：两人一组演练

活动步骤：

1. 两人一组，分为 A、B 两个角色，把打印好的 A 任务纸条和 B 任务纸条分别发给对应角色的小组成员，给大家 1 分钟准备时间，然后两人组内演练纸条上的任务。协助者无须介绍纸条上的内容，并叮嘱角色 A 和角色 B 互相不能看对方的纸条。

A 纸条任务：跟 B 说说你今天一天的经历；

B 纸条任务：(1) 在 A 跟你说话的时候，给出消极的回应，例如，把头转过去、表现出不耐烦、摆弄东西、打岔、站起来走开等行为；

(2) 在 A 跟你说话的时候，给出积极的回应，例如，认真倾听、用言语和非言语鼓励对方继续说、适时地提问等。

2. 给大家 2 分钟时间进行第一轮演练，A 跟 B 说自己的经历，B 执行任务（1）；第一轮结束，提醒大家进行第二轮演练，2 分钟时间，A 继续跟 B 说自己的经历，B 执行任务（2）。

3. 请几名执行 A 任务的家长分享：自己在第一轮演练中的感受是什么？在第二轮的感受是什么？再请几名执行 B 任务的家长分享：自己在第一轮演练中的感受是什么？在第二轮的感受是什么？

4. 简单总结大家的分享。

总结提示：

协助者：相信大家在刚才的活动中都体会到了不同的回应方式对情绪的影响。同样，我们对孩子情绪回应的方式，也在很大程度上决定了孩子对情绪的理解与认知。当我们用消极的方式去回应时，孩子会感觉到被忽视或拒绝，从而产生负面情绪，同时他们也很可能会把这样的方式用到跟他人的互动中，对其社会交往带来负面影响。相反，如果我们用积极的方式跟孩子互动，让他们感觉到被尊重和认可，这不仅有利于建立良好的亲子关系，同时也会促进他们社会情感能力的发展。

主体活动二：如何与孩子建立情感联结？

目标：引导家长练习与孩子建立情感联结的方法

讨论方式：小组讨论、角色扮演

活动步骤：

1. 把家长按人数分成 3 ～ 4 个小组，每组 4 ～ 5 人，各组对本单元附件一中的案例先进行讨论，家长应该如何更好地回应孩子的情绪，然后进行角色扮演。

活动提示

提醒大家要讨论并表演如何更好地回应孩子的情绪，而不是把已有的情境演出来。

2. 邀请每组表演，问问大家各组呈现了哪些好的回应情绪的方式。

3. 总结要点，可以补充以下几点（参考本单元附件二），在回应孩子的情绪时，我们要：

◇ 察觉到孩子的感受；

◇ 认同孩子的感受；

◇ 帮孩子表达情绪；

◇ 引导孩子学习适当的情绪调节技巧，如深呼吸、放松练习；

◇ 一起寻找解决问题的方案。

总结提示：

协助者：大家的表演非常精彩！父母的共情能力，即与孩子建立一条感情的通道，在促进孩子社会情感健康发展中起着重要作用。它就像一把钥匙，可以帮助父母打开通往孩子内心世界的大门。共情能让父母的理解和支持被孩子感受到，赢得孩子的信赖，帮助他们提高情绪管理能力。

总结

协助者：情感联结越早建立越好，但即使孩子已经大一些了或父母在外务工，也可以通过一些方法来建立和加强情感联结。例如，与孩子保持频繁的沟通，表达关心和爱意；在特定的日子或假期安排一次亲子聚会，让孩子感受到被重视和关爱；与孩子共同制定一些规划和目标，让孩子感到自己的意见被尊重和重视；通过共同参与家庭活动，加强家庭的凝聚力和情感联结；给孩子持续的支持和鼓励，及时赞扬他们的成就，关注他们的进展和困难，并提供必要的帮助和指导。这种积极的支持可以让孩子感到被爱和被关注，强化情感联结。

分享收获与布置作业

协助者：感谢大家的参与！

在活动结束之前，请每个人用一两个词或一句话分享一下自己的收获或者感受，可以轮流发言，也可以随机分享，直到每个人都分享完毕。协助者可以先分享做示范，也可以最后分享作为收尾。

课后作业：

我们今天学习了如何与孩子建立情感联结，接下来一周我们的小任务是，在孩子遇到情绪事件时，试着用今天学到的方法去帮助孩子表达和理解情绪。希望下次活动可以听到你们的分享。

附件一

角色扮演

情景：

妈妈正在客厅里做家务。这时，孩子欢欢很生气地回家，一进家门就把门重重地关上了。

妈妈生气地问：“你干吗？谁惹你了？”

欢欢气呼呼地，又有点儿想哭的表情，不说话。

妈妈又问：“前天期中考试的成绩出来没，考了多少分？”欢欢大声地说：“不知道！”

妈妈转头去翻欢欢的书包，拿出试卷：“65 分？你平时去学校都干吗了?！”欢欢转头走进房间，关上门，坐在凳子上哭了。

妈妈喊道：“你这什么态度，你想干吗？有本事你今晚别出来吃饭！”

欢欢听了，哭得更伤心了。

小组讨论：

如果你是欢欢的家长，看到孩子很生气地回家，一进家门就把门重重地关上了，你会怎样回应他（她）的情绪？

附件二

与孩子建立情感联结的方法

敏锐地察觉孩子的感受——

家长只有对自己的各种情绪有正确的认识，才能敏锐地察觉孩子情绪的变化。每个年龄段的孩子表达自己感受的方式都不同，家长需要换位思考，通过孩子的角度来观察世界。

认同孩子的感受——

和孩子的感受保持在同一个频道上，是我们每个家长需要努力做的功课。当孩子感到生气、悲伤或害怕的时候，也是最需要家长的时候。如果我们能够认同孩子的感受，孩子就会把我们当成盟友，愿意向我们倾诉；当遇到困难的时候，可以一起并肩作战。

协助孩子表达情绪——

家长总是尽力避免孩子的负面情绪，认为它们会自然消失。但事实恰好相反，只有家长帮助孩子把自己的感受表达出来，负面情绪才会慢慢地释放出来。所以，家长们需要帮助孩子识别情绪，帮他们找到正确的方式表达自己的感受。

第七单元

人际网络可识别

▸▸▸ 本单元内容介绍 ◂◂◂

知识要点

每个人在生活中，都会跟其他人产生联系和互动，人际关系网络代表了一个人与他人之间建立的关系网，包括家人、亲属、朋友、邻居、同事、社区服务提供者等。人际关系网跟生态系统（即个体与所处环境之间相互作用并相互影响）有着密切的关系，是家庭和儿童所处的社会环境的重要组成部分。人际关系网能够提供支持、资源和信息，同时也能为我们提供社会参与的机会和归属感。

健康、持续的关系能带给我们信任感和归属感，让我们觉得自己在其他人或组织中重要或“合适”，能跟他人分享快乐和痛苦。人际关系网的重点不在于我们认识多少人，而在于这些关系的质量以及我们可从中获得的支持，同时这些联系支持着我们个人的生活及子女养育。为了给育儿提供良好的支持，我们需要建立充满健康、支持和关爱的社交网络。支持性的社会关系有助于减轻父母的压力，进而促进安全依恋的养育行为。社会孤立则增加了冷漠的育儿、母亲抑郁以及儿童虐待的可能发生率。

人际关系网络对家庭和儿童都非常重要。它可以为家庭提供情感支持、经济援助、育儿知识和技能等资源，有助于儿童和家庭应对挑战和压力，增强家庭的韧性和应对能力。多项研究证明，对于父母双方来说，情感支持、信息支持、实质支持或精神支持水平高与积极的父母心情、对孩子的积极响应、父母的满意度、幸福感和能力感以及更低水平的愤怒、焦虑和抑郁均有关系。相反，社会关系的不足、冲突或不满意可能是家长压力的来源。通过稳定和支持性的人际关系网络，儿童也可以建立安全的依恋关系，获得安全感和自尊心的发展。

当家长感到与周围的人是相互连接而不是孤立无援的，就会更有信心去处理生活中的挑战和挫折。有研究证明，当家长与社会联系紧密，就比较容易获得精神上的、信息上的和实质性的支持和帮助，及时调整好自己的心态，以积极的方式面对育儿中出现的各种困难。同时，家长在倾听他人倾诉、分享自己的育儿经验和提供切实帮助的过程中，能感受到互助带来的满足感和获得感。

有些家庭可能需要一些帮助和支持，才能让人际关系网络发挥作用，社区工作人员可以：

◇ 提供支持和资源：帮助儿童和家庭获得他们所需的支持和资源，例如提供信息、引导他们接触社区服务和组织。

◇ 建立合作伙伴关系：与其他社区机构和服务提供者合作，共同为儿童和家庭提供支持和服务，形成完善的支持网络。

◇ 培养社交技能：为儿童和家庭提供社交技能培训和指导，帮助他们建立和维护良好的人际关系。

◇ 促进社区参与：鼓励儿童和家庭参与社区活动和组织，扩大他们的社交圈子并与他人建立联系。

◇ 促进互助和互相支持：鼓励儿童和家庭之间互相支持，同时也鼓励他们与他人分享自己的经验和资源。

通过有效地构建和运用人际关系网络，社区工作者能够提供必要的支持与援助，营造一个更为强大、健康且充满支持的社区环境，进而促进儿童与家庭的成长和福祉。

活动时长	60 ～ 90 分钟
目标	1. 通过人际关系图，了解自己的社会关系 2. 思考不同的人际关系资源
参与人数	15 ～ 20 人
活动方式	大组讨论、画一画

活动步骤

环节	建议用时	活动用具
欢迎活动	10 分钟	
引入活动	10 分钟	大白纸、白板笔
主体活动一	20 分钟	白纸、彩笔
主体活动二	25 分钟	彩笔、贴纸
总结	5 分钟	
分享收获与布置作业	10 分钟	

欢迎

欢迎大家参加本次活动。

邀请参加上次活动的家长分享回家后的练习，有什么感受或体会；带大家一起做简单的热身活动。

回顾并引入本单元内容

协助者：上次活动，我们一起探讨了如何与孩子建立情感联结。今天，我们来聊聊自己和家庭的人际网络关系。

讨论环节

引入活动：让我们想一想在生活中，都会跟哪些人有联系和互动呢？

目标：思考人际关系网里包括哪些人

讨论方式：大组讨论

活动步骤：

1. 在白板的中间画一个圆圈，里面写上“我”或自己的名字，请大家想想在生活中都跟哪些人有联系和互动。

2. 将大家的回应按类别（家人、亲戚、朋友、同学、老师、邻居、社区 / 街道工作人员等）写在一起，然后用圆圈圈起来（参见本单元附件一）。

活动提示

引入活动中只需要讨论人际关系网里的类别，不需要具体到某个人。也可以先将人群类别写出来，然后在不同类别下启发家长思考与哪些人有联系和互动。

总结提示：

协助者：我们可以看到，在生活中和我们有来往的人当中，有些是跟我们非常亲近的人，比如家人；有些是我们经常见到来往比较多的人，比如朋友、同事等；还有一些是我们不常见到但时有来往的人，比如亲戚、社区工作人员等。他们所有人共同组成了我们每个人、每个家庭的人际关系网络。

主体活动一：大家一起来画一画自己的人际关系图。

目标：画出自己的人际关系图

讨论方式：画一画

活动步骤：

1. 展示本单元附件二的生态图，让大家参照图示，画出自己的人际关系图，在相关的圆圈里写上具体的人，可以是名字或姓，或者用符号代替。

2. 提醒大家，可以根据实际情况调整圆圈里的类别，比如加上孩子学校的老师等。

3. 完成后，请几名家长分享自己画关系图的过程或感受，不需要分享隐私，只分享有什么发现，你发现自己有哪些人脉资源呢？

活动提示

1. 在这个活动中，家长需要画出自己的人际关系图，不需要与他人讨论。
2. 某一类人际关系下面可能会有很多人，比如亲属，可以不用全部列出，列出几个代表性的即可。
3. 有的家长人际关系图可能很简单，提醒大家社会支持网络的多样性，不做评判。

总结提示：

协助者：生态图展示了个体或家庭生活中所有参与的系统。在有联系和互动的人中，我们会得到或给别人不同的支持和帮助，比如，有人会跟我们聊天，给我们精神上的安慰；有人可以给我们出主意，为我们提供信息做判断参考；还有的人在我们遇到困难时可以搭把手，给我们具体的支持，比如，忙不过来时会帮我们带孩子，或在经济困难时帮我们渡过难关。

主体活动二：我们具体看看，哪些人会帮我们忙，哪些人会让我们开心，还有哪些人给我们捣乱，让我们感觉有点儿烦？

目标：引导家长思考不同的人际关系资源

讨论方式：画一画

活动步骤：

1. 解释用不同的符号或贴纸标记给我们不同感受的人，比如让我们开心的人用笑脸表示，给我们提供帮助的人用心形表示，让我们有点儿烦的人用小虫子表示等。

2. 协助者可以用自己的人际网络图给家长做示范，在白板上用符号标记出来。

3. 给家长 5 分钟时间做标记，然后请几名家长分享：

◇ 别人都帮你什么忙了？有哪些是育儿方面的？

◇ 谁会让你开心呢？

◇ 哪些人给你捣乱，让你有点儿烦？

活动提示

提醒大家给我们帮忙、捣乱和让我们开心的也可能是同一个人，比如，孩子或伴侣，鼓励家长去看到人的多元性。

4. 再让大家标记自己帮助过的人，用小红花表示，问问大家都给自己人际网络里的人提供过哪些方面的帮助。

总结提示：

协助者：谢谢大家的分享！这些人际关系图能让我们看到自己的家庭跟外界之间的联系，看到自己有哪些资源或缺乏什么资源。健康、持续的关系能带给我们信任感和归属感，让我们感受到自己在其他人或组织中的重要性。重要的不是我们认识多少人，而在于这些关系的质量以及如何维系这样的关系，即彼此之间的支持。只有健康且相互支持的人际关系网络，才能在我们的生活中以及在扮演父母角色时给予我们支持。

总结

协助者：感谢各位的积极参与！当我们感受到与周围人的紧密联系，而非孤立无援时，我们便拥有了面对生活挑战和挫折的信心。与社会的紧密联系使我们更容易获得精神支持、信息交流和实际帮助，从而更及时地调整心态，积极应对育儿过程中遇到的各种难题。同时，在倾听他人、分享自己的育儿经验以及提供实际帮助的过程中，我们也能体会到互助带来的满足感和价值感，这些正面感受进一步增强了我们在育儿方面的信心。

分享收获与布置作业

协助者：感谢大家的参与！

在活动结束之前，请每个人用一两个词或一句话分享一下自己的收获或者感受，可以轮流发言，也可以随机分享，直到每个人都分享完毕。协助者可以先分享做示范，也可以最后分享作为收尾。

课后作业：

今天我们学习了如何梳理自己的人际支持网络。接下来一周，我们的小任务是跟孩子一起画一画他们的人际关系图——“我世界里的人”，帮助孩子了解一下在自己的生活里都跟哪些人有联系和互动。其中，谁让他（她）开心，谁让他（她）有点儿烦，谁给他（她）帮忙了。

附件一

生活中来往的人

家人：伴侣、孩子、父母、兄弟姐妹等

亲戚：姑姑、叔叔、大伯等

朋友、同事

学校：老师、辅导员、校长

社区或村里的其他人：邻居、村主任、妇联主席、儿童主任、社区工作者等

附件二

人际关系图示例

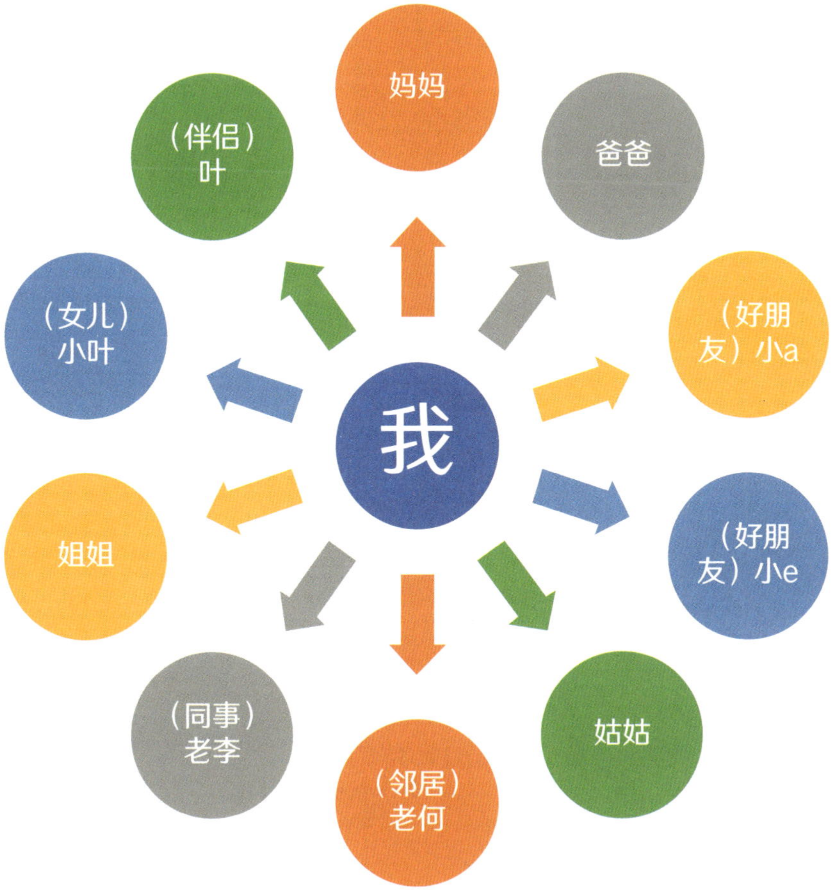

第八单元

需要支持要求助

本单元内容介绍

知识要点

在生活中，每个人都会遇到需要外界支持的时刻。通常，人们大多依赖于自己的社交网络来获取大部分所需的支持。然而，即便是关系紧密的家庭，有时也需要寻求比日常社交圈更正式的社区援助和服务。当面临重大困境，如失业、孩子入学难题、家人重病或遭受暴力时，都迫切需要实质性的帮助——那些能够有效解决问题或缓解状况的实际支持，以减轻家庭面对挑战时的压力。

实质性帮助可能体现为物质上的支持，例如提供食物、住所、资金或其他资源；也可表现为支持性的服务，如提供专业知识、技能培训或解决技术难题。此外，实质性帮助还可涵盖情感上的支持，包括倾听、理解和鼓励，以及提供实用的建议和解决问题的方法。

在现实生活中，寻求实际帮助往往面临重重挑战。社会污名化和标签化尤其成为家庭获取关键服务，如贫困援助、心理健康支持和家庭暴力干预等的显著障碍。家庭教育指导人员可以采取多种策略来对抗社会污名，比如积极宣传“寻求帮助是勇气和力量的体现”这一信息。此外，家庭教育指导人员应确保在家庭寻求帮助时，其个人信息得到妥善保护，不会被泄露给无关的第三方。

此外，儿童福利和家庭福利系统的申请往往不为人所知或流程较为复杂，家长通常需要指导和支持，以便理解这些服务系统并掌握获取所需服务的方法。

对于家庭教育指导人员而言，为家庭提供实质性的支持可以成为服务提供的切入点。在家庭面临危机时，家庭教育指导人员应积极介入，提供必要的服务信息和联系方式。更为关键的是，工作人员应协助家长发展他们所需的技能和工具，使家长能够认识到自己在哪些方面需要帮助，主动寻求支持，并为自身及孩子争取权益，直至获得所需的支持。

在必要的时候能寻求支持是一种能力，对于家长来说，这种能力表现在：

◇ 在需要时，去主动寻求并接受支持；

◇ 了解可利用的服务及其获取方式；

◇ 确保经济上的保障，以满足家庭的基本需求；

◇ 保持坚持不懈的态度；

◇ 有效地为自己和孩子争取所需的帮助。

通过培养这些能力，我们希望家长能够认识并克服获取服务的障碍，在此过程中减轻自身的压力，并增强应对逆境的能力。

活动时长	60 ～ 90 分钟
目标	1. 思考寻求服务和支持的重要性 2. 了解可以获得哪些服务和支持
参与人数	15 ～ 20 人
活动方式	头脑风暴、小组讨论

活动步骤

环节	建议用时	活动用具
欢迎活动	10 分钟	
引入活动	10 分钟	大白纸、白板笔
主休活动	20 分钟	大白纸、白板笔、水彩笔
总结	5 分钟	
分享收获与布置作业	10 分钟	
八次工作坊整体总结与收获分享	10 分钟	
结束仪式	15 分钟	

欢迎

欢迎大家参加今天的活动。

邀请参加上次活动的家长分享回家后的练习，有什么感受或体会；带大家一起做简单的热身活动。

回顾并引入本单元内容

协助者：上一次活动中，我们了解了自己的人际关系网络，知道了有哪些资源可以帮助我们。今天，我们一起聊一聊，在有需要的时候，可以怎样去寻求实质性的服务和支持。

讨论环节

引入活动：大家先想一想，这个家庭有哪些需求呢？

目标：思考家庭有哪些需求

讨论方式：头脑风暴

活动步骤：

1. 把本单元附件一的案例提前写在大白纸上或打印好发给大家，给大家1分钟时间阅读。

2. 问问大家：这个家庭有哪些需求呢？不需要讨论，想到的家长可以直接分享。

3. 把要点列在白板上，需求可能包括以下几方面：

◇ 亮亮的康复训练和受教育的需求

◇ 青春期的养育方法

◇ 应对网络沉迷的方法

◇ 亲子沟通的方法

◇ 促进父母与留守儿童的沟通交流

◇ 经济收入

◇ ……

4. 总结大家的分享。

总结提示：

协助者：大家可以看到，这个家庭的需求不仅包括物质方面的，还涉及教育方法、情感支持，以及实际建议和问题解决策略。这些都属于实质性的帮助。那么，让我们思考一下，这个家庭可以如何寻求到这些支持和服务呢？

主体活动：这个家庭可以通过什么样的途径和方法寻求到实质性的支持和服务？

目标：思考怎样才能获得实质性支持和服务

讨论方式：小组讨论

活动步骤：

1. 把家长按人数分成 3 ～ 4 个小组，每组 4 ～ 5 人。根据刚才列出的家庭需求，小组讨论兰兰家都需要哪些实质性的支持和服务，以及可以通过什么样的途径和方法获得这些支持和服务。

2. 每组选一名代表跟大组分享，请其他几组补充（如果有的话，在分享中也可以让家长讲讲自己寻求帮助的经验）。

3. 总结各组分享的重点并写在大白纸上：

◇ 物质上的支持，比如残疾儿童津贴、康复服务等；

◇ 技术上的支持，例如融合教育的申请、专业的康复知识、亲职教育的培训（如应对压力、亲子沟通）等；

◇ 情感上的支持，例如倾听、理解和鼓励等；

◇ 可能的途径和方法，例如政府服务网站、社区和街道、家人和朋友。

4. 对照各组的分享，再看看引入活动中列出的需求，这些支持和服务回应了所有的需求吗？

总结提示：

协助者：谢谢大家的分享！通过刚才的讨论，我们认识到许多实质性的支持和服务是可以帮助我们缓解家庭所面临的挑战与压力的。尽管在实际操作中可能会遇到一些难题，例如，担心别人说闲话，不清楚有哪些可用的服务和支持，以及如何申请这些帮助等。我们鼓励大家通过多种途径获取信息，勇于尝试，并逐步培养在必要时寻求帮助的能力，为自己和家庭争取权益，从而改善个人和家庭的状况。

总结

协助者：通过今天的活动，我们可以认识到，在生活中每个人都可能面临需要寻求支持和帮助的时刻。除了依赖日常人际网络的支持，面对重大挑战时，政府提供的社区服务和支持同样不可或缺。希望大家能够有意识地培养识别周围资源的能力，并了解如何寻求帮助，这样可以有效地减轻个人和家庭的压力，解决面临的困难，并为孩子营造一个安全、高质量的成长环境。

分享收获与布置作业

协助者：感谢大家的参与！

在活动结束之前，请每个人用一两个词或一句话分享一下自己的收获或者感受，可以轮流发言，也可以随机分享，直到每个人都分享完毕。协助者可以先分享做示范，也可以最后分享作为收尾。

课后作业：

接下来一周的小任务，是分析一下自己家庭目前有哪些需求，看看是否需要申请相关服务或支持。

注：若协助者将本次活动作为工作坊的最后一次活动，在简要回顾以往几次活动的基础上，可以为家长准备一些小礼物，例如颁发证书、展示活动中拍摄的照片、向每名家长赠送一朵花或一张卡片等，以表达对他们这段时间内积极贡献和相互支持的感谢与肯定。

附件一

家庭有什么需求

案例：

14 岁的兰兰就读于初中二年级。她的父亲常年在外务工，仅在春节期间能够回家团聚。兰兰与母亲和 10 岁的弟弟亮亮一起生活，居住在农村。他们依靠父亲每月寄回的生活费维持生计。由于亮亮身体残疾，需要使用轮椅，当地学校因缺乏无障碍设施而无法接纳他入学。母亲每天忙于农活儿和照顾亮亮，同时还要帮助他进行康复训练。兰兰放学后，会帮忙做家务，教亮亮学习认字和数学。最近，兰兰迷上了看网络小说，导致她在课堂上经常犯困，成绩也有所下滑。为此，她遭到了母亲和老师的多次批评。兰兰表示，她不想再上学了。

附录1　什么是儿童保护性因素

美国社会政策研究中心（Center for the Study of Social Policy）相关研究表明：当家长自身的韧性、对儿童发展知识和科学育儿方法的了解、对儿童社会情感发展的重视、社交关系与获得帮助和支持的能力这五个保护性因素获得提高时，家长使用暴力管教的方式或忽视孩子的现象就会逐渐减少。

保护性因素一：家长的韧性

研究表明，具有韧性的家长能够认识到困难，并保持积极的态度去应对。当家庭出现危机时，他们能够有效地应对压力，避免危机升级，不会对育儿和孩子产生负面影响。当父母具有韧性时，他们在日常与孩子相处时会更有耐心，而不是将自己的负面情绪发泄在孩子身上，影响孩子的健康发展。

保护性因素二：儿童发展知识和科学育儿方法

了解儿童身体、认知、语言、社交和情感发展的知识和掌握相应的育儿策略，有助于家长更好地了解孩子发展状况以及发展需求，可以帮助家长能科学看待孩子的行为，从而对孩子的成长有更合理的预期，减少育儿焦虑。同时，也能让家长看到自己作为父母角色的重要性，意识到与孩子发展水平相符的养育方式更有利于他们的发展，学习做个“很不错”的父母。

保护性因素三：儿童社会情感发展

社会情感学习是儿童发展的重要组成部分。父母需要获得更多支持，以促进孩子的社会情感发展，并在孩子的发展出现偏差时能够及时识别并作出积极响应。家长对孩子社会情感发展的支持，是立足并体现在亲子互动和亲子关系中的，比如建立稳定和安全的依恋关系，可以有效培养和促进孩子社交情感发展。

保护性因素四：社交关系

社交关系，也就是人际交往， 是一个人所有人际关系的集合。良好的社交关系是获得情感支持、信息支持、实质性支持和精神支持的基础。为了在育儿过程中得到良好的支持，父母需要拥有充满支持和关怀关系的社交网络。

保护性因素五：获得帮助和支持

每个人都会遇到需要他人支持的时候。当一个人拥有强大的社会支持网络时，就可能从这些支持性的关系中获得大部分所需的支持。不过，即使是家人之间很亲密的家庭，当家庭面临危机或者挑战时，有时也需要依赖家庭外部的支持和服务，以减轻压力。

附录 2　参与式培训方法介绍[①]

一、参与式方法的基本理念

生活中每个人对事物都有自己的态度和看法，而一个人的态度和看法是由他（她）看问题的角度、思维方式、文化背景、成长过程、知识、阅历、经验乃至经济条件、生活环境决定的，而且生活中的一些事物和问题的答案并不是唯一的。通过一些活动和大家的参与，我们有机会了解别人的看法和态度，学习从各个角度和层面看问题，并且学会听取他人的意见，以便我们能够对事物有接近全面、准确的认识。这就是一种参与式的学习过程。

二、传统教学方法和参与式方法的具体区别与联系

方法	传统学习方式		参与式培训
学习者	身份	学生	有工作经验的人
	作用	依赖性强，被动学习	独立性强，主动学习
	经验	不重要	非常重要（是培训活动的信息来源）
引导者（培训员）	身份	教师	培训者、组织者、参与者、帮助者
	作用	提出问题及解决办法	帮助学习者探索问题的答案
	经验	非常重要	重要（是培训活动的信息组织者）
关键信息来源	教师		参与者与培训者

① 内容摘自联合国儿童基金会与中国儿童中心编写的《儿童权利参与式多步培训手册》，并做部分改写。

续表

方法	传统学习方式	参与式培训
学习方式	正规教育，单向交流、填鸭式	非正规教育，双向交流、启发式
学习方法	方法单一（以讲课为主）	方法多样（以小组讨论、案例分析、角色扮演等方式为主，讲课为辅）
学习内容	课本的系统知识	围绕实际问题的知识和技能
进度	严格按课表进行	按学习者掌握程度进行，灵活调整
评估方法	教育机构、教师进行的外部评估	学习者自我评估与引导者外部评估

三、培训者的角色

培训者要——

★ 跟学员建立一种合作关系，同时要负责学员的学习。他和学员是平等的，不过在学员中起着引导作用。

★ 帮助学员营造一种信任、开放的气氛。每个人在这种环境中都能坦然说出自己的想法，并尊重不同的意见。

★ 确保每个学员都有参与的机会，不受冷落。

★ 提供一个培训概况，比如报到和开课时间、上课和下课时间；根据需要随时调整日程安排。

★ 确保教务工作妥善完备，比如上课所需材料齐备、教室整洁、学员通知及时等。

★ 不是“领导”：学习是所有学员的共同责任。培训者的职责在于帮助学员更有效地学习。培训日程不要由培训者单独决定。确定培训主题时，也应该听取学员的意见。

★ 不是教师：培训者跟学员共同学习，一同探索培训中的课题，分享个人生活经历。

★ 不必是专家：尽管培训者上课前都要备课，但就某些课题而言，不一定比学员了解得更多。

★ 不是大家注意的焦点：优秀的培训者一般都比学员讲得少，他们会尽量引导学员投入讨论。

★ 不是权威：在参与式培训过程中，任何人，尤其是培训者，都不应该判定某些观点是否“正确”或“合理”。

★ 不是服务员：虽然培训课程的安排和协调主要由培训者来负责，但很多教务细节都可以邀请学员参与。

四、优秀的培训者需要具备的能力

★ 对每个人感受的洞察力：要营造出一种互相信任、互相尊重的气氛，培训者必须对学员所讨论的问题和他们对别人的看法和反应都特别敏感。迅速察觉到别人的感受，并懂得如何处理一些特殊情况，这是培训者必不可少的一种能力。

★ 对整体感受的洞察力：除了每个人的感受，培训中的整体感受也是至关重要的。随时能感受到整体气氛，并做出积极反应，对培训者来说是至关重要的。

★ 倾听的能力：培训者要察觉学员的感受，学会倾听是一个好办法。听取学员发言时一定要注意到学员说话的语气和声调，了解他们的真实意图。

★ 时间感：培训者需要培养起一种对于时间的“第六感”，包括什么时候结束讨论、什么时候转换话题、什么时候示意发言太长的学员“到此为止”、什么时候引导讨论在指定时间内完成、什么时候适当地延长沉默的时间等。

★ 灵活性：培训者必须事先做好计划，也要根据具体情况随时调整。培训时常常出现预料不到的情况，这就需要培训者随机应变。

★ 随机应变与创造性：培训者面对不同背景的学员，应该相应地调整培训内容和培训方法。例如，培训者可以利用班里和社区里学员的经验，也可以请学员提供资源。

五、实用培训技巧

1. 培训者应如何干预

（1）培训中的干预

在小组进行解决问题的活动时，培训者围绕小组工作进行干预，其目的包括帮助小组更好地完成任务，帮助学员组成的小组更为团结等。比如：

A

★ 帮助学员把一种状况转化为具体问题：

——确保学员同时关注几个问题，而不是在一定时间内只关注一个问题。

——确保学员做决定时遵守“全体赞成”的准则，并让学员处理这种状况。

★ 邀请学员针对具体问题制订行动计划：

——建议学员在结束每一个解决问题的活动时都总结一下，活动涉及哪些内容。

★ 帮助学员保持自己的风格，运用自己的资源。

★ 运用指令、问卷等评估学员在特定问题上的立场。

B

★ 指出哪些行为会影响到小组的团结气氛。

★ 鼓励小组成员对本组形成的决议发表意见。

★ 鼓励小组成员对其他成员的想法有所回应，同意或反对都可以说出来。

★ 如果出现不恰当的行为，激起成员之间的敌对情绪或不信任的感觉，帮助学员积极面对。

★ 向学员强调有助于小组团结的行为。

（2）指令性干预

指令性干预用来安排学员如何进行（小组）活动。包括以下内容：

★ 让小组成员在共同讨论之前先进行私人工作。

★ 让学员分成二人小组，就具体问题互相采访。

★ 先让学员组成更小的小组，探询具体问题的各个方面，然后再跟大组里的其他学员分享结果，逐组形成方案，让小组独立进行工作，然后再轮流向大组所有学员报告结果。

（3）培训中的典型提问

在参与式培训中，培训者对学员的指导和干预往往是以问题的形式体现出来的。为了达到不同的目的，培训者常常用到一些典型的指令性问题。举例如下：

请学员注意前面没有考虑到的内容：

——“有没有哪位考虑到了问题的这一方面？”

提醒学员，讨论正在偏离主题：

——“您的观点很好，不过您能否详细谈谈它与主题如何相关？”

建议学员给出新的信息：

——“对于这一点，哪位还有新的信息可以补充？”

把过于空泛的思考拉回具体问题上来：

——“您能否就这一点给出一个具体的例子？”

——“有没有哪位知道相关的例子？”

提示学员达成一致（或出现分歧）的步骤：

——“我能不能说，在这一点上大家已经达成共识（的确存在分歧）？”

请迫不及待地认为自己什么都能做的学员安静下来：

——“我们等所有人都说完之后再作决定好吗？”

提醒某些学员讲得太多了：

——“还有没有哪位想谈谈自己的看法？”

建议学员作出妥协：

——“我们把两种观点折中一下，是否能得出一个最佳方案呢？”

处理（您自己或发言的学员）回答不了的问题：

——“我不知道。请问哪位知道？”

（如果谁都回答不了，您可以提出自己去寻找更为详尽的资料，然后再进一步探讨。）

打断过于冗长的发言：

——“在这一点上，让我们听听其他人的看法好吗？稍后再来听您对其他问题的意见。”

帮助不善于表达的学员厘清观点：

——“我可不可以说，您的意思是……”

打断学员之间的争论：

——“现在还有哪位要谈谈自己的看法？”

除非培训者本身作为专家，在某些问题上需要直接介入，提供信息；否则在运用上述问题或其他的技巧来唤起学员的注意、推动培训的进程或促进学员的参与时，一定要注意保持中立，避免把自己的观点强加给学员。

2. 游戏的运用

游戏是参与式培训的重要形式。通过游戏，可以培养参与者的团队精神，增加趣味性，有利于培训活动的开展。游戏应遵循“FIRE”（火）原则，即有趣（Fun）、能传递信息（Information）、能建立联系（Relationship Building）、有教育意义（Education Content），所以，在游戏的后面，必须包括能传递有益的信息、能使参与者彼此间协作配合的伙伴关系、能使人们在做完游戏后得到有益启示这样一些内涵。

3. 协助小组讨论

（1）基本原则

★ 不要随便否决别人的意见。

★ 一次只许一个人发言，不允许随意打断。

★ 凡是涉及个人的问题，每个人都有权利选择“不予回答”。

★ 每个人都有机会发言。

★ 只谈与主题有关的内容。

★ 如有必要，小组成员有义务为同组成员的观点保密。

（2）小组讨论时通常出现的问题

★ 一个人讲个不停，不给其他人发言的机会。

★ 认为自己的观点正确，对别人的意见不屑一顾，百般挑剔。

★ 组员中有一个像说教者的人，老告诉别人该怎样做。

★ 经常打断别人的发言。

★ 对小组讨论表现漠然，不愿意参与。

★ 讨论跑题，大家各谈各的。

（3）解决以上问题的方法和建议

★ 出现经常被打断的情况

——礼貌地提醒大家：我们有一个问题或任务需要在有限的时间内完成，直接对打断说话的人说：“对不起，刚才我们一致同意，不可随便打断别人的发言，请你遵守我们的规则。”

★ 如果个别参与者的行为非常无礼，以至于讨论无法进行

——严厉指出这样的行为给全组讨论带来的严重影响，注意这时要有“对事不对人”的态度，不要轻易点那位参与者的名字。

——可以在讨论后或其他时间与这位参与者进行私下交流，指出他（她）的行为如何影响了其他人的学习，并希望下次能取得他（她）的配合和支持。

★ 小组讨论结束后，带领全组对讨论结果进行回顾，并总结讨论中出现的问题，鼓励大家思考“下次我们怎样才能做得更好”。

（4）提高交流技巧的三要素

★ 积极倾听。

★ 充分感受对方并表示理解，运用肢体语言（如直视对方的眼睛、不打断对方说话、不因为有外界干扰而转移对其的注意力、不显示出烦躁不安等）。

★ 给予与反馈，即当对方向你倾诉其观点、经历时，适时给予评价和回应，但不要评价对方“对”或“不对”。

（5）调动参与者积极参与的技巧

★ 给每个参与者平等参与的机会。

★ 鼓励不爱说话的人，并使其多说；用一定的技巧限制爱说话的人，并使其少说。

★ 鼓励不爱动的人多动；用一定的技巧限制爱动的人，并使其少动。

六、常见的参与式培训方法

下面介绍一些简单实用的参与式培训方法，仅供参考。

1. 打破坚冰

打破坚冰是参与式培训最初的活动，目的在于帮助大家消除陌生感，拉近距离，尽快熟悉起来，以利于随后的培训顺利进行。

2. 站立场

站立场是一种不太激烈的辩论活动。学员在活动中有机会对某一问题明确表示出自己的立场。活动需要一个比较大的场地，以便学员站成一排。如果场地不够，或者培训者认为分组来做更好，可以每次让一部分学员做活动，另一部分学员从旁边观看。

如何站立场？

在教室中画一条长长的直线，做一个“极为赞成”的标记、一个“极为反对”的标记，把它们分别放在直线的两端，中间表示“中立”。培训者提出一个观点，请学员思考是赞成还是反对，并请学员按照各自赞成或反对的程度，站到直线的不同位置上去。告诉学员：如果他们站在直线的某一端，这就表示他们对给出的观点绝对赞成或绝对反对。如果他们的态度不是那么极端，也可以视赞成或反对的程度站到直线上的各个位置。

然后请学员说明他们选择那个位置的理由。他们可以寻找各种理由来捍卫自己的立场。分别站在直线上三四个不同位置的学员都说完自己的观点之后，问问学员：有没有人想换个位置。

提示：活动开始之前，一定请学员注意要尊重他人的观点。即便出现分歧，大家也要彼此尊重。时时注意提醒学员不要打断别人的发言，一定要听完。等到所有的或绝大多数学员的看法都已经说完，再结束活动。注意不要出现某位学员独占发言权的情况。

3. 角色扮演

所谓角色扮演，是指通过模拟真实场景，让参与者扮演不同的角色，以提高他们在实际工作中的应对能力和解决问题的能力。活动目的在于让学员尽快熟悉陌生的情境或事件，并对该种情况产生切身体会。

如何进行角色扮演？

★ 给学员几分钟的时间，思考当时的情境和他们在其中扮演的角色（如果需要把桌椅搬开，为表演腾出场地，可以利用这个时间来做）。

★ 学员表演。

★ 表演结束之后，一定请学员思考一下刚才经历过的一切。这样角色扮演就不仅仅是一种活动，也成为一种学习过程。设计角色扮演时，务必留出最后回顾的时间。回顾一下活动目的和其中的学习要点。

提示：

★ 由于角色扮演模仿了现实生活，所以有些问题可能无法做出简单的回答。例如，学员所扮演角色的行为是对还是错等。向学员说明，不一定所有问题都有固定答案，出现分歧是正常现象。在没有定论的问题上，培训者不要把自己的观点强加给学员，更不要强求一致。

如果大家对某些问题的看法差不多，培训者不妨总结一下，但对于大家争论不休的问题，最好留个开放式的结论。

4. 小组讨论

把全班分成二人小组或多人小组，可以为学员提供更多的参与机会。

小组讨论可以激发学员快速产生很多想法，或者启发他们根据自身经验，理解一些抽象的概念。

如何进行小组讨论？

★ 在分组之前，培训者先想好以下问题：是否要依照学员能力来分组？是否要男女混合编组？是否要让关系好的学员一组？有时候也可以随意分组。

★ 如果教室里的桌椅都是固定的，可以让学员转过身去，跟后排的学员结成一组。

★ 如果要求小组报告活动结果，应该在一开始就告诉学员，以便他们选择报告员、记录员。

★ 组织活动：讲清楚小组的任务和讨论时间，请同组的学员坐到一起。

★ 小组进行活动时，培训者：

——退到一边，但随时可以让学员找到。

——注意各组的讨论情形，但尽量别去干预，除非发现有的小组弄错讨论主题或请求帮助。

——尽量鼓励小组把讨论进行下去。

——二人小组比多人小组更容易被打断，不要轻易打扰他们。

★ 小组报告：小组讨论结束后，请各组向全班报告讨论结果。

★ 评估：询问学员活动是否有效，他们有什么收获。如果学员不满意，跟他们讨论应该如何组织活动，尽量采纳学员的意见。

5. 头脑风暴

头脑风暴是一种鼓励学员运用创造性，迅速激发出大量想法的方法。这种方法可以用来解决特定问题，也可以用来回答提问。出现下列情况时，可以使用这种方法：

★ 为某个问题寻求解决方案时。例如，学员之间出现争论，可以请全班做一次头脑风暴活动。

★ 即将引出新的主题时。请学员做头脑风暴，联想一切与该主题有关的事物，这样可以很容易引起学员对于该主题的兴趣，同时激活他们现有的知识。

★ 需要做一个创造性的练习时。例如，可以给出一个未完成的故事，请学员设想各种可能的结尾。

如何进行头脑风暴？

★ 确定头脑风暴的主题。根据这个主题来设计一个开放性问题。把问题写在大白纸上，比如“怎样改善我们的教室环境”等问题。

★ 请学员不假思索地说出各自的想法，将所有的答案都写在大白纸上。

★ 不要对学员的答案发表评论。也向学员说明，不要对别人的答案发表评论，评论要留到活动最后。

★ 鼓励每个学员都发言，但不要强求，比如要求学员轮流发言等，这样也会压抑创造性。

★ 尽量请学员来记录答案。答案出现重复时，在答案上做一标记即可。

★ 如果有的答案不太明确，请发言者或其他学员进一步明确，但要注意补充者和原来发言者的意见务必一致。

★ 记录所有的新想法。尽管最有创意或最鼓舞人心的提议常常是最有用，也是最有意思的，但也不要因此忽略了其他的意见。

★ 所有的发言都结束之后，培训者引导学员回顾并评论。

6. 集体讨论

讨论在参与式培训中是一种很有效的交流方法。通过讨论，可以引导学员对已知事实进行深入分析，还可以练习轮流发言和倾听别人意见等集体学习的技巧。

培训者要成功地组织一场开放式讨论，一定要让教室里保持一种互相信任、互相尊重的“安全”气氛。要达到这样的效果，有很多方法，比如请学员制定讨论规则，大家可以就如何发言与倾听别人的发言达成共识。这一活动可以随时进行，但最好是在培训之初制定规则的时候。

如何进行集体讨论？

★ 请学员思考：讨论时应遵守哪些规则，将每个人的提议都写在大白纸上。

★ 学员说完之后，看看有些提议是否可以合并，并请学员讨论或评论。如果学员提出的规则中没有下列内容，培训者可以补充：

——别人发言时，要注意倾听。

——在讨论过程中，一次只要一个人发言。

——如果要发言，先举手，等别人看到请你发言时再说。

——别人发言时，不要打断。

——如果不同意别人的观点，反驳时要对事不对人。

——鼓励每个人都发言。

——协商一个对违规者的处理办法。

★ 建议大家共同遵守上面列出的规则。这样一来，自己遵守规则，同时监督别人遵守规则，就成了学员的责任。

★ 把上述规则写下来，挂到教室墙上。在培训过程中随时参考，必要时还可以更改或添加新的内容。

7. 提问

这本《手册》中的许多问题都是开放性的，鼓励学员参与。

如何提问？

下面给出了一些“开放式”问题的例子。培训者提问时要记住：“我想从这次讨论中获取什么？是简单的是非答案，还是一场活跃的开放式辩论？”

★ 假设性的问题：“如果……您会怎么做 / 怎么想？”这类问题可以帮助学员想象具体的情景，启发他们思考。

★ 思考性的问题：“我们怎样才能解决这个问题呢？”

★ 鼓励性的问题：“很有意思。后来怎么样？”这种问题可以引导学员说出他们的个人经验和观点。

★ 征求意见：“您认为……怎么样？”对学员来说，这种问题意味着培训者认为他们的发言很重要、很有意思。

★ 探索性的问题：“您为什么会这么想？”如果培训者提问的态度很温和，这种问题通常可以帮助学员深入思考，并进一步说明或分析他们的观点。

★ 阐述性的或总结性的问题：“能不能说，您认为……”培训者用这种方法来总结一位学员的发言，看自己是否理解了他的意思，这也可以帮助其他学员思考他们是否同意那位学员的发言。

★ 确认式的问题："大家是不是同意……"这种问题可以引起讨论，或者带出部分课程的结束。或者也可以用"我们是不是可以结束……部分的内容？"这样的问题来结束，过渡到下一个培训主题。

最后，一定要尽量避免误导性的问题，比如"×× 是正确的，是不是？"等。这些问题会打消学员参与的积极性。同时也要避免一次提出太多问题，或提出一些误导性问题。

还有，培训者随时点头、微笑或者仅仅是跟学员坐到一起，都会让学员的反应更为踊跃。

8. 自由发言

自由发言可以用来调节课堂节奏。比如，培训者做过一段时间比较长的报告之后，可以做一做这项活动。这项活动是两三个人交谈的好机会。

如何进行自由发言？

告诉学员：可以用 5 分钟时间说一说刚才的所见所闻。他们可以说出自己的感受和思考，也可以就不明白的地方问问别的学员。学员在小组内说完之后，培训者可以请各组把讨论内容跟别的学员分享。

9. 画画

画画可以用具体的画面来帮助学员理解抽象的内容，培养学员的观察力、想象力、理解能力、合作能力，也可以用来增进学员之间的相互了解。学员可以在班内展览作品，借此交流各自对培训内容的理解。

如何画画？

★ 确定需要学员理解的培训内容。

★ 从报纸、杂志上收集各种图片、照片，和画图材料一起分发给学员。

★ 请学员把自己的理解画出来，也可以利用现有的图片和照片做拼贴。

★ 绘画完成后，各组派一名学员向全班讲解本组的作品，并回答其他学员的提问。

★ 由于有时间限制，学员所画的图应该是比较简单的。这个活动强调的是描述，不是绘画。

10. 音像资料

有些组织已经制作了供课堂培训使用的视频。有些电视新闻或纪录片也很有用。使用视频时，请注意以下建议：

★ 学员更容易记住从视频中得来的信息。例如，他们把自己想象成视频中的一个角色，从这个角色的角度来写一篇日记；也可以在视频内容的基础上开展一场讨论。

11. 词语联想

这种方法可以在某一部分内容开始培训和培训最后的时候进行。开始时可以了解学员对于要学习的内容了解多少，结束时可以了解学员学到了多少内容。

如何进行词语联想？

★ 从要学习的内容中找一个关键词。

★ 请学员快速写下听到这个关键词后想到的其他的词；向学员说明：可以什么都不写。

★ 或者在一部分培训内容结束时，请学员用一个词来表达他们对所学内容的思考或感受，或者说一个跟所学内容有关的词。培训者在教室里走一圈，收集学员想到的词语。请一两位学员把这些词写出来。

12. 卡片收集

针对某一具体问题，快速收集来自学员的反馈，而后汇总归类。用这种方法可以使学员清楚地了解大家的看法并归类总结，有助于启发学员的思维。

如何进行卡片收集？

★ 提出问题，每人或每组发 1 张或若干张卡片，请大家写出自己的意见，按人或按小组收集信息。

★ 收集卡片，念出内容，经归类后贴在大白纸上。

★ 继续进行下一轮信息的收集，直至完成整项工作。

附录 3　亲职教育活动评估表

亲职教育活动评估表

活动时间			活动主题	
参加人数	男性家长		活动地点	
	女性家长			
内容			评分（1～5，1分为最低，5分为最高）	
学员情况评分（　　）				
1	家长对活动内容的理解程度			
2	家长与协助者之间的互动与沟通			
3	家长在活动中表现出的专注和认真程度			
4	家长是否能够很好地合作完成活动			
活动情况评分（　　）				
5	活动达到了预期目标			
6	内容的难易程度符合参与的家长			
7	各个环节之间有连续性			
协助者情况评分（　　）				
8	对内容讲解表达清晰、要求明确			
9	协助者能很好地调动家长参与			
10	家长分享时能很好地引导和追问			
11	协助者对学员家长表现出尊重的态度			
12	能够根据实际情况灵活应对和处理			
本次活动的总体评分				

本次活动的过程简述

（按照活动过程进行简述，包括活动主题、活动各环节内容、协助者团队在本次活动中分别承担的任务是什么，值得反思总结或者令人印象深刻的情况或突发状况等。本部分内容可由观察员进行现场记录，整理后填写）

需进一步关注的家长和原因（可用化名）

（关注家长在活动过程中情绪、参与度、与协助者或其他家长的互动等方面的表现及变化。描述事实后，根据观察到的事实进行原因分析及下一步跟进的活动步骤等）

开展活动的反思、建议

（可以从活动设计与筹备、活动开展、活动带领、活动总结等几个环节进行反思和总结，从而提出相应的改善建议）

评估员　　　　　　　　　　时间

附录 4　亲职教育工作坊的招募

本书使用者在开展亲职教育工作坊时，可能会遇到招募难的问题，特别是在一些低收入地区或者外来务工者集宿区，父母大多需要务农或（外出）务工以维持家庭收入，且家庭教育意识较淡薄，参与亲职工作坊的意愿较低。有意愿参加亲职教育工作坊的家长，也经常因忙于生计，无法持续按时参加活动。另外，亲职教育活动的宣传也会影响招募的效果。比如，有些家长无法及时有效获取当地家庭教育服务的信息，不知道该怎样参与，或不清楚自己和家庭能从服务中得到什么样的收获。

针对以上困难，在招募家长时，可以用以下策略来提高他们的参与意愿，最大限度获取家长的信任、参与和支持。

第一，组织亲职教育的主题活动，如讲座、研讨会、亲子活动等，提供面对面的交流和互动机会，让家长能亲身体验到科学育儿的乐趣，理解科学的家庭教育对孩子成长和家庭幸福的重要性，增加他们对家长工作坊的兴趣和信心。

第二，用社交媒体、电视、广播、网络平台等传播亲职教育的理念和重要性。宣传内容要有实用性和可操作性，让家长能够直接从中获取实用的教育方法和技巧。可以制作简单易懂的海报、小册子，或者拍摄小视频等，分发到家庭、幼儿园 / 学校、村（居）委会等地方，让家长能随时获取有关亲职教育的核心信息。

第三，可以通过学校、幼儿园、社会组织、村（居）委会、农民工返乡服务中心等多个单位的协同，共同推动亲职教育工作坊的开展，并利用社区场所（如儿童之家等）、学校场所、公共文化场所（如图书馆）等作为活动场地。也可以组织亲子活动，如亲子游戏、亲子趣味运动会、亲子读书会 / 故事会、手工制作活动等。通过这些活动，让家长感受到亲子互动的重要性，并传达科学的家庭教育观念。

第四，考虑到家长的实际情况和时间限制，可以选择周末或假期开展活动，减少家长因务工、育儿等原因无法参与的困难。例如，组织安排孩子参加游戏活动或儿童之家的其他活动，让家长能安心参加亲职教育工作坊。也可以邀请志愿者分享自己的家庭教育经验，成为家长的榜样和支持者。

第五，确保家长能够方便地参与亲职教育工作坊。例如，准备印有活动宣传内容的小礼物，提供交通补贴或安排交通接送，解决家长因交通不便而无法参与的问题等；另外，可以提供免费的教材和资料，让家长能够轻松获取和使用。

第六，促进家长之间的互动和支持，建立互助网络。如建立家长微信群，让家长之间可以随时交流经验、分享问题和寻求支持，这样可以增强他们的参与感和归属感。

此外，在我国农村社区，妇联主席和儿童主任在为家庭提供服务和支持中发挥着重要作用，亲职教育工作坊的招募通常都由她们来完成。妇联主席和儿童主任往往与家长保持密切的联系和沟通，通过家访等方式与家长进行交流，了解他们的需求、问题和困惑，并提供针对性的支持和解决方案。在社区工作人员的支持下，妇联主席和儿童主任也能为家庭提供家庭教育和儿童发展方面的知识和指导，与家长分享教育理念和有效的沟通方法，帮助他们提升育儿能力，持续扩大亲职教育小组活动的影响力。

附录 5　为外出务工家长和留守儿童家庭提供支持

在我国农村，因为父母一方或双方外出务工，很多儿童不得不跟祖父母一起生活。因此，在一些地区的服务人群中，隔代养育占有相当的比例，这不仅给儿童的健康发展带来了困难和挑战，也让很多家庭教育相关从业人员在开展服务时面临着招募和服务递送等方面的困难。使用者在使用《手册》的同时，可以通过以下几条途径来支持和鼓励家长，特别是男性家长的参与，增强孩子、父母和祖辈之间的联结纽带，帮助家庭发掘他们的支持网络，以巩固整个家庭的力量，为孩子提供一个安全、温暖的成长环境。

促进家长间的交流和互助

由于距离和时间限制，外出务工家长与留守儿童面对面交流的机会很少，只能靠电话或社交软件进行沟通。缺乏父母的关爱和陪伴，可能导致孩子的情绪不稳定、安全感降低，增加他们适应生活和新环境的困难。而对于家长来说，错过孩子成长的重要时刻和亲子共处的机会，会让养育孩子变得更加困难，同时他们也要承担家庭的经济责任和远离家庭的情感压力，需要寻求适当的支持和采取措施来弥补分离带来的缺失。

《手册》使用者在开展活动或与家长的沟通中，可以为他们提供以下建议，帮助他们在远离家庭的情况下更好地履行养育责任。

维持良好的沟通：与孩子保持密切的沟通，通过电话、文字或其他方式，向孩子表达爱和关心，让孩子知道父母一直在关注并支持他们的成长和发展。尽量分享自己的生活和经历，关心孩子的日常生活和学习进展。

制订明确的计划：与家人共同制订明确的计划，包括日常作息、学习时间、家务分工等。为孩子提供稳定和有组织的生活环境，以满足他们的基本需求。

寻找亲近的成人：确保孩子在家中有其他亲近的成人照顾和陪伴，如祖父母、亲戚或朋友，这样可以帮助孩子建立安全感，并提供情感支持。

鼓励自主和独立：鼓励孩子独立完成任务、解决问题和承担责任，培养他们的自主性、自信心和解决问题的能力。

定期回家或接孩子：尽可能安排定期回家探亲或接孩子来自己所在地，这样可以增进亲子关系，弥补长时间亲子分离带来的缺失。

利用科技工具：充分利用现代科技工具，如视频通话、社交媒体等，与孩子保持联系和分享生活。但要引导孩子合理使用网络并教会孩子注意网络安全，确保孩子的健康和安全。

寻求支持网络：与其他外出务工家长交流经验和情感支持。可以参加当地的家长群体、社区组织或线上论坛，与他们分享自己的经历和困惑。

关注自身需求：在照顾家庭的同时，也要关注自己的身心健康。寻找时间放松、休息和追求个人兴趣爱好，及时舒缓工作和生活带来的压力。

通过亲职教育工作坊，家长会学到一些积极的养育理念和知识，但有时在实践中会发现还是很难学以致用，这是因为从认知的改变到指导行为是需要时间的。以往的亲职教育项目实践表明，家长之间的交流和互助对改变行为有着巨大的促进作用。

我们建议《手册》使用者，除了在小组讨论期间积极促进家长们交流互助，还可以通过家长微信群搭建一个线上沟通和交流的平台。《手册》使用者可以在每次工作坊或家访结束后，将每次活动的主要知识点以及活动照片传到微信群里，鼓励大家进一步交流和互助，尤其是可以让外出务工家长：

第一，了解积极养育的知识和技能。

第二，促进学员积极反思自己的育儿方式。即便子女不在身边，也可以在微信群里参与讨论，与其他家长共同学习和交流。

第三，在与孩子的互动中，能有意识关注孩子的情感需求，倾听孩子的声音。

第四，在与辛苦帮忙照看孩子的祖辈的交流中，能够多些亲子方面的话题，增进与自己父母之间的情感交流；同时，通过微信群与其他家长交流，及时了解自己父母的身体和精神状况，在必要时，可以求助群里的家长予以帮助。

同时，《手册》使用者也可以在家长交流互助微信群里转发如下微信公众号的信息，以进一步巩固外出务工家长亲子技能的培养：

联合国儿童基金会：儿童成长、儿童保护等相关信息；

瑞联稚博：为外出务工家长提供亲子、法律等信息（联合国儿童基金会的全球合作伙伴）；

其他：女童保护等。

备注：《如何给远方的孩子打电话》是在民政部指导下、在联合国儿童基金会支持下，由北京上学路上公益促进中心特意为远离家乡的父母编写的，旨在通过提升父母给孩子打电话的技巧，来增强与孩子的感情纽带，从而把亲子分离对孩子的心理伤害降到最低。

这本小册子主要内容包括打电话的七项原则和打电话时的具体技巧。其中，在打电话时的具体技巧中，家长将会了解到如何在重要日子里打电话，如何聊聊各自的日常生活，如何谈孩子的学习，如何谈安全与健康，如何交流见闻和兴趣以及如何了解家庭的情况等技巧。

《手册》使用者可以在组织小组讨论（或家访）“与孩子建立情感联结”的内容后，将这本小册子上的内容传到微信群里，供家长学习讨论。

鼓励男性家长参与

男性家长的参与，特别是父亲的积极参与，会对孩子的成长产生积极的影响。大量研究表明，父亲的参与可以促进孩子的社交和情感发展，改善孩子的学习成绩，增强孩子的自尊心和自信心，帮助孩子建立信任感、安全感和依恋关系，以及减少孩子的情绪和行为问题。此外，父亲的参与对于减少针对儿童的暴力、从小培养孩子的性别平等观念也至关重要。

父亲的参与可以向孩子传递积极的价值观和行为模式。通过亲身参与，父亲可以成为孩子的榜样，教导他们如何成为负责任、关爱和尊重他人的成年人。而对于男性家长来说，积极参与育儿也可以提升他们的自信心和自尊心；而当父亲感到自己的参与对孩子的成长有积极影响时，他们会更加自信并且愿意承担更多责任。

在很多困境家庭中，特别是一些留守儿童家庭，还是采用传统的男女角色划分，主要由女性承担育儿的任务。事实上，父母共同承担育儿责任、家务和经济责任，不仅可以减轻母亲的负担，使得家庭成员可以更好地平衡工作、家庭和个人生活，并提高家庭的整体幸福感，还可以减少家庭中可能出现的冲突和矛盾。

《手册》使用者应鼓励父亲和男性家长以更积极、平等和非暴力的方式参与到孩子的生活中，提供支持和服务去改善父亲和孩子的关系，更好地保护和满足儿童发展的需求。在亲职教育小组活动中，也应尽量招募更多的男性家长参与，倾听他们的观点和需求，为了创造一个更加平衡、健康和幸福的家庭环境，让每个家庭成员都能得到充分的关爱和支持。

关注祖父母在养育中的参与

隔代养育对祖父母来说无疑是一项重要的责任和挑战，他们的身体状况和精力通常都难以应对孩子的发展需求。特别是农村的祖父母，很多本身还在务农，他们同时面临着经济困难、身体衰老和子女不在身边、缺乏支持等多重压力。农村祖父母的养育可能更关注孩子的吃、穿、住、行等基本需求，往往忽略孩子的情感需求或对他们过度溺爱。

而祖父母的理解能力也会给《手册》使用者开展活动带来一定的困难和挑战。为此，我们在《手册》的活动方式上，尽量采用简单易懂的方式，比如“画一画”等活动。对于必须用文字讨论的部分，根据祖父母的理解能力，也可以采用“我说，你选”等活动方式来进行，或在小组讨论过程中给予他们协助。我们期待《手册》使用者能在带领小组活动的过程中，发现和总结如何协助和鼓励农村祖父母积极参与的方法，并记录在《亲职教育活动评估表》中，为其他协助者提供宝贵的经验。

除了帮助祖父母获得必要的知识和技能，提高他们在隔代养育中的能力，《手册》使用者还应该关注并提供以下支持：

第一，提供有关隔代养育的信息和资源，帮助祖父母了解如何更好地履行养育角色；提供有关法律、教育、健康等方面的指导，以帮助他们应对挑战。

第二，帮助祖父母建立联系和交流的支持网络，例如，组织隔代养育家庭的社区聚会或小组活动。这样可以让隔代养育的祖父母分享经验、互相支持，还可以减轻他们的孤独感，建立支持和友谊的网络。

第三，了解祖父母在隔代养育中的情感需求，倾听他们的困惑和挑战。提供情感支持和鼓励，让他们感受到更多的关怀和支持。

第四，提供有关隔代养育的信息和资源，例如医疗服务、社会福利、教育机构等，以满足祖父母和孙辈子女的需求，帮助他们获得必要的支持和援助。

第五，定期对隔代养育的祖父母进行走访或电话沟通，了解他们的需求和问题，并提供必要的帮助和支持。

通过关注祖父母在隔代养育中的困难和提供必要的支持，《手册》使用者可以帮助他们更好地履行养育职责，改善他们的亲子关系，促进整个家庭的和谐发展。

参考文献

英文文献

[1] Carkhuff R R .Helping and Human Relations; A Primer for Lay and Professional Leaders. Volume I. Selection and Training[M].New York: Holt, Rinehart and Winston, 1969.

[2] Carey W B, Jablow M M. Understanding your child's temperament[M]. New York: Macmillan, 1997.

[3] Carolyn Webster-Stratton. The Incredible Years: A Trouble-Shooting Guide for Parents of Children Aged 2-8 Years[M]. New York: The Incredible Years, 2006.

[4] Cronin S, Becher E , Christians K S ,et al.Parents and Stress: Understanding Experiences, Context and Responses[J].extension, 2015.

[5] Gordon T. Parent Effectiveness Training: The Proven Program for Raising Responsible Children[M]. New York: Harmony, 2000.

[6] Helen F. Neville, Diane Clark Johnson. Temperament Tools: Working with Your Child's Inborn Traits[M]. Chicago: Parenting Press, 2015.

[7] Jane Nelsen Ed.D. Positive Discipline: The Classic Guide to Helping Children Develop Self-Discipline, Responsibility, Cooperation, and Problem-Solving

Skills[M].New York: Ballantine Books, 2006.

[8] McCormick, K. M., Stricklin, S., Nowak, T. M., & Rous, B. Using Eco-Mapping to Understand Family Strengths and Resources[J]. Young Exceptional Children, 11(2), 2008.

[9] Payton J , Resnik H , Weissberg R P ,et al.Collaborative for Academic, Social and Emotional Learning（CASEL）[J].Springer US, 2010.

中文文献

[1] 阿黛尔·法伯，伊莱恩·玛兹丽施．如何说孩子才会听 怎么听孩子才肯说[M]. 安燕玲，译．北京：中央编译出版社，2012.

[2] 边玉芳．读懂孩子：心理学家实用教子宝典（0 ~ 6 岁）[M]. 北京：北京师范大学出版社，2014.

[3] 边玉芳．读懂孩子：心理学家实用教子宝典（6 ~ 12 岁）[M]. 北京：北京师范大学出版社，2014.

[4] 边玉芳．读懂孩子：心理学家实用教子宝典（12 ~ 18 岁）[M]. 北京：北京师范大学出版社，2014.

[5] 胡宓．社会联系、社会支持与农村老年人情绪问题相关研究 [D]. 湖南：中南大学，2012.

[6] 金春华，儿童神经心理行为检查量表 2016 版 [M]. 北京：北京出版社，2016.

[7] 琳·洛特，简·尼尔森．正面管教家长讲师指南 [M].《正面管教家长讲师指南》翻译组，译．北京：北京联合出版公司，2008.

[8] 乔治·M. 卡帕卡．这样跟孩子定规矩，孩子最不会抵触 [M]. 叶小芳，译．南京：江苏教育出版社，2012.

[9] 托马斯·戈登．父母效能训练手册 [M]. 宋苗，译．天津：天津社会科学院出版社，2009.

[10] 谢弗，等．发展心理学：儿童与青少年（第 9 版）[M]. 邹泓，等译．北京：中国轻工业出版社，2015.

[11] 叶敬忠，詹姆斯·莫瑞．关注留守儿童：中国中西部农村地区劳动力外出务工对留守儿童的影响 [M]. 北京：社会科学文献出版社，2005.

[12] 教育部．教育部关于印发《3-6 岁儿童学习与发展指南》的通知 [EB/OL].（2012-10-09）.http://www.moe.gov.cn/srcsite/A06/s3327/201210/t20121009_143254.html.

非正式出版物

[1] Center for the Study of Social Policy.（2003）. Understanding the strengthening families protective factors. Washington, DC: Author.

[2] 中国儿童中心，联合国儿童基金会．儿童权利参与式多步培训手册（儿童版），北京，2007.

推荐书目

[1]《带着爱和宽容给孩子立规矩：培养自由而有担当的孩子》，〔美〕罗伯特·J.麦肯兹，华夏出版社，2014 年版。

[2]《读懂孩子：心理学家实用教子宝典》（共三册），边玉芳，北京师范大学出版社，2014 年版。

[3]《儿童发展心理学》，〔美〕琼·利特菲尔德·库克，格雷格·库克，中信出版社，2020 年版。

[4]《发现孩子天生气质：揭开天赋密码 实现因材施教》，张黛眉，中央编译出版社，2016 年版。

[5]《活出最乐观的自己》，〔美〕马丁·塞利格曼，浙江教育出版社，2021 年版。

[6]《培养高情商的孩子》，〔美〕约翰·戈特曼，琼·德克莱尔，浙江科学技术出版社，2023 年版。

[7]《如何说孩子才会听　怎么听孩子才肯说》，〔美〕阿黛尔·法伯，伊莱恩·玛兹丽施，中央编译出版社，2012 年版。

[8]《如何给远方的孩子打电话》，北京上学路上公益促进中心，2017 年版。

后记

《智慧家长与积极养育——亲职教育服务手册》在多个项目实践中广泛应用，取得了很好的效果，为推动项目试点地区儿童工作者的能力提升起到了积极作用。5 年来，联合国儿童基金会与中国儿童中心对《手册》内容进行了多轮修订，旨在将《手册》内容进一步本土化，力求更加符合我国家长的需求。截至 2023 年年底，《手册》试用版已在全国妇联与联合国儿童基金会合作的“童成长”项目、民政部与联合国儿童基金会合作的“护童成长”项目的多个项目点，通过层级培训、社区家长工作坊的形式实施，并广泛征集了各级项目管理人员和社区工作人员的建议。

本书编写团队由联合国儿童基金会儿童保护处与中国儿童中心项目团队及相关专家共同组成。本书主要执笔人为王润洁、王海燕、蔡粤；参与本书编写的还有朱晓宇、邱天敏、张欣蕾、武承睿、龙迪、焦健、李艳艳、齐亚静；在本书的修订过程中，夏丽丽、唐洪、龙思海、周歆媛亦有贡献。朱晓宇、王润洁、王海燕负责全书统稿，邱天敏、张欣蕾负责全书校对。本书在编写过程中，还得到了联合国儿童基金会驻华办事处儿童保护处高级项目专家陈雪梅、中国儿童福利和收养中心儿童社会工作部主任王翠萍的大力支持与指导，在此一并致谢。

真诚希望这本书能为广大家庭教育指导服务人员、儿童工作者以及相关从业人员提供有益启发与帮助。受各方面条件和编者水平等因素限制，书中难免存在不足与疏漏之处，敬请读者批评指正。